LIKE LIKE KITCHEN
LESSON NOTE

ライクライクキッチンの旅する味 ｜ 小堀紀代美

予約のとれない料理教室 レッスンノート

SHUFUNOTOMOSHA

はじめに

いつだって今すぐどこかに行きたい！と思うほど旅が大好きです。

私の料理の多くは、旅の記憶から生まれています。
どこかの国の郷土料理もあれば、旅の思い出のカケラをつなぎ合わせたりちりばめたり。

旅先ではいつも「今回はこれを食べよう！」とテーマを決めます。
そして滞在中、何度も何度も同じものをあちこちでくり返し食べます。

たとえば「ボルシチ」(p.31)は、教室のメニューにすると決めると
味を再確認したくなり、10年ぶりにロシア・モスクワへ。
レストランやファストフード店をめぐったり、
現地の料理学校にプライベートレッスンをお願いしたりと、
時間とおなかが許すかぎり食べ歩きました。
「フライドチキン」(p.41)は、2年間で3回アメリカに行く機会があったので
そのたびに食べ歩き、1日3軒はしごしたことも。

そうして現地で食べ比べてみて味の違いをひもとき、「これは、こんな感じが好き！」と
自分の作りたい味の方向性を見つけているのです。

料理教室「LIKE LIKE KITCHEN」では、季節ごとに気分が変わるように
レッスンメニューを考えています。
そのときどき、どこかの国の料理を取り入れながら。
素材とじっくり向き合い、味や調理法を何通りも考えて。
その季節に合わせて「私なりのおいしい」が伝えられるように。

メニュー全体のバランスが調うように。
納得ができるまでくり返しくり返し試作をします。
ときには、レッスンの初日の朝まで試作確認なんていうことも。

本書は、そんなふうに生まれたレッスンメニュー10セット分をまとめたレシピブックです。
どのレシピも参加してくださった皆さんから
「おいしい！」の声をいただいた自信作ばかりです。

時短や手軽さを求められることも多く、
多くのかたが作りやすいように工夫もしていますが、
おいしさのためにはこのひと手間を惜しまない、というところもあります。
でも、いつものおかずがぐんとおいしくなったり、
それが私のお伝えしたい味への近道だったりするのです。

本書のページをめくり、気になるレシピから作ってみてください。
どこか外国の香りがする「旅する味」は少し華やかさも加わり、
お皿の上での新たな出会いも楽しみに。

食卓から「おいしい」の声が聞こえたなら、作るのも食べるのも楽しい！と、
日常の料理がもっと好きになるかもしれません。

自由に動けない今、旅するように味わい豊かな楽しい食卓になりますように。
手に取ってくださった皆さまに願いを込めて。

2021 秋　LIKE LIKE KITCHEN　小堀紀代美

CONTENTS

【本書の決まりごと】
・小さじ1=5mℓ、大さじ1=15mℓ、1カップ=200mℓです。
・少々は指2本でつまんだ量、ひとつまみは指3本で
　つまんだ量です。
・エキストラバージンオリーブオイルは
　材料内で「EXV オリーブオイル」と表記しています。
・黒胡椒は粒をミルでひきながら使用しています。
　香りが断然よくなります。
・火かげんは、特に指示のない場合は中火で
　調理しています。
・レシピ上、野菜の「洗う」「皮をむく」
　「しいたけの石づきを取る」などは省略しています。
　特に指示のない場合、これらの基本作業を終えて
　調理してください。
・生クリームは、脂肪分が45％以上ある高脂肪のものを
　使っています。しっかりとした風味が感じられます。
・ドレッシングなどを保存瓶に入れる場合は
　消毒した清潔なものを使ってください。
・レタスなどの葉物の水気をきる際は
　サラダスピナーを使うか、キッチンペーパーなどで
　包むようにして水気をしっかりと拭いてください。
・作り方内に「味をみて塩で調える」とある場合は、
　塩少々〜を加えて混ぜ、好みの味に調整してください。

生徒さん500人に
アンケートをとりました！

LIKE LIKE KITCHEN
MEMBER'S VOICE

ライクライクキッチンが好きな理由
くり返し作る人気メニュー

どのメニューも人気があれど、特に「レッスンのあと、すぐに作りました！」「くり返し作っています」というヒットメニューを厳選しました。教室に通い続けている理由とともに、そのおいしさや作りやすさなどに対しての熱い思いが伝わってくるコメントをあわせてご紹介します。

ライクライクキッチンが好きな理由

「毎回、予想を超えるおいしさにハマりました」

「食材の組み合わせが新鮮で、自分の新しい味覚が広がった気がします」

「いろいろな国の料理を、自分でも手軽に家で作ることができるのがうれしい」

「スパイスやハーブ、フルーツ使いが絶妙で、おしゃれなだけでなくおいしいところが大好き」

「手間と時間が多少かかっても、難しいわけではない料理が多い。
　だけど豪華に見えるので、お店で食べるような気分になれる」

「フルーツを取り入れたメニューが、合わせる調味料などで、
　ちゃんとおいしい料理として成り立っていることにいつも驚きます。
　70代の父も、最初は敬遠していたけれど、今ではすっかり好きになりました」

「定番化するレシピに出会える確率が高い。先生が成功のコツや失敗しがちな点を丁寧に伝えてくれるので、
　家で復習するときに参考になります」

「家にある食材でレシピどおりに作れば、家のごはんが味もおしゃれ度もレベルアップする」

「ふだんの家庭料理よりワンランク上のおしゃれな味のお料理が多い」

「レストランみたいな味がおうちでも作れて、見た目が華やかでスペシャル感がある」

「ふだんの食事作りはどうしてもワンパターンになってしまうけれど、先生のレシピが刺激になってくれる。
　家族で食卓を囲むとき、話のネタが増えています」

「親近感がありながらも、絶妙な組み合わせと配分。よく考えられたレシピだと思います」

「ファーストインパクトがあるのに食べ飽きることなく、日々の食事として作りたいレシピであることも魅力」

「ホースラディッシュやハーブが気軽に使えるようになり、よく買うようになりました」

「クミンやカルダモンなどのホールスパイスを常備するようになり、
　スパイス料理へのハードルが下がりました」

「主婦歴も長くなり、家族の好みもあって、料理のレパートリーが偏りがちになっていたところ、
　先生のレシピで新しい味に出会えました」

「凝った料理だけではなく、定番料理のアップデートもできる」

「好き嫌いの多い私が、先生のレシピのおかげで食べられるようになった食材がけっこうあります」

「調理のタイミングは、音や香り、色づき方などを目安にするということを学んで、
　習った以外の料理も上達しています」

「レシピには先生の試行錯誤の結果の工夫が必ずあって、料理本を見るだけではわからないコツがわかる。
　レッスンではたくさんのポイントを、その理由とともに説明してくれるので覚えやすい」

「葉野菜をちぎるときは繊維に沿ってではなく、繊維を断ち切るようにちぎるときれいとか、
　野菜は使う前に冷水にさらして元気にするとか、肉は必ずキッチンペーパーで拭いてから使うとか、
　料理以前の知識もたくさん教えてもらえて助かっています」

「肉や玉ねぎを焼くときは、あまり触らず焦げ目を旨味として利用する
　ということを覚えてから、料理に奥行きが出た気がします」

「オリーブオイルはボウルの側面から入れ、葉物に直接かけない。
　サラダやあえ物は手で混ぜるということを学んで、料理が上達しました」

「材料の切り方や調味料を入れるタイミングとその理由、炒め方など、
　ちょっとしたヒントを教えてもらうことで、どんどん料理が楽しくなる」

くり返し作る人気メニュー

#1
白ワインのミートソースパスタ

「赤ワインのミートソースより味が軽やかで、作り方も手軽。あっという間にでき上がるのがうれしい」

「子どもからのリクエストがダントツに多い。ハーブが香るので、お酒のお供にも好評です」

「飽きがこない味！たくさん作って冷凍してます」

「家族から1カ月に3回もリクエストされて作りました」

「週末に作りおきしておくと、忙しい平日の夕食も豪華で楽しくなります」

「ちょっとしたひと手間で、味わいが深くなっておいしくなる」

「自己流ミートソースよりお肉のおいしさを感じられました」

⇒ 作り方 p.24

#2
フライドチキン

「記念日やゲストを招いたときなど、ここぞというときに作ります。少し時間はかかるけど、頑張る価値がある！」

「一度作ったら、子どもたちから頻繁にリクエストされるように」

「脂身を丁寧に取ることで、あんなにカリッとおいしくなるなんて！ ほかのレシピとはまったく違う仕上がりに驚きました」

「レッスンの試食で、ガリガリ、パリパリの食感の衣にやみつきに。冷めてもおいしい」

「ふだん揚げ物はあまりしませんが、これは特別なときに作りたくなります。甘じょっぱくて幸せな気持ちになります」

「下処理をきちんとすればするだけおいしく仕上がり、報われた感がクセになりました」

⇒ 作り方 p.42

#3
オリーブオイルで作るトマトパイ

「お菓子作りや粉物が苦手だったけれど、このレシピは作りやすくて成功!
　自宅でハレの雰囲気を味わえてうれしい」
「1カ月に3回も作りました。休日のブランチにぴったり!」
「サクサクでとってもおいしくて、家でも同じようにできたのがうれしい」
「ミニトマトさえあれば、思い立ったらすぐに作れる手軽さがいい。
　ザクザク&ガリッとした生地がたまらないおいしさ」
「バターじゃないから罪悪感なく食べられる。　ワインにも合うので、おもてなしのときは前菜に」
「パイなんて面倒くさそうで一生作らないだろうなと思っていたのに、
　忙しい朝からパイを焼く日がくるなんて」
⇒ 作り方 p.53

#4
レモンとタコのパスタ

「数えきれないくらいリピートしてます。あえるだけと簡単なのに、奥行きのある味わい。レストランの味！」

「クセのある料理が苦手な夫が、この料理のおかげでナンプラーとディルが食べられるようになりました」

「ナンプラーとディルは自分では思いつかない不思議な組み合わせだけど、
　ときどき無性に食べたくなるような、クセになるおいしさです」

「お酒を飲みながらでも簡単に作れて、飲みの〆にぴったり！ 友人たちからも大好評です」

「とにかく簡単＆おいしいので、土日のランチに出すことが多いです。子どもはおやつにも食べたいと言うくらい（笑）」

⇒ 作り方 p.89

#5
柿とモッツァレラの白みそあえ

「柿とモッツァレラにヨーグルトや白みそなんて、自分では想像がつかない組み合わせ。
　レッスンの試食でそのおいしさに感動しました」

「おもてなしにもちょうどよいメニュー。お酒にも合うと、友人たちにも好評でした」

「レシピからは想像できない味だったけれど、フルーツとチーズに山椒が絶妙！
　フルーツサラダが嫌いな子どもも喜んで食べています」

「余った白みそソースでポテトサラダを作るというアレンジも気に入っています」

「モッツァレラの相棒はトマトとオリーブオイルが最高だと思っていたのに、
　まさかの組み合わせがこんなにおいしいなんて」

「白みそソースは、野菜スティックや焼き野菜に添えて食べるのも好き」

⇒ 作り方 p.93

#6
小堀式麻婆豆腐

「本格的でおいしいので、レトルトを使わなくなりました」
「時間がかからない豆腐の水きり法も知ることができ、材料が少ないので手軽に作れる」
「今まで作ってきたレシピより本格的でおいしくなった！コクと旨味があり、
　辛さも好みでコントロールできるので、季節や食べる人やその日の気分で辛さを変えて作ってます」
「しびれる辛さの中に旨味があり、白いごはんと一緒に食べるのがお気に入りです」
「特別な調味料は使っていないのに、味の深みのすごさにびっくり！」
「今まで自己流だったので、お肉の炒め方などを覚えて作ったら、
　料理の腕が上がった気がするくらいおいしくなりました」

⇒ 作り方 p.69

LESSON. 1
春のおもてなしレッスン

濃厚なミートソースも大好きだけれど、春
はぐっと軽やかに白ワインを使ったミート
ソースをおすすめしたいところ。春の食材
の香りやほろ苦さを存分に味わえる献立で
すが、全部を作らなくても、十分におもて
なし感が出るはずです。

蒸し煮にして甘味を引き出したにんじんに、玉ねぎやベーコンの焼けた部分を旨味としてプラス。にんじんの甘さとふきのとうのほろ苦さが、絶妙なバランスです。

ブロッコリーやかき菜など季節の青菜で代用してもOK。厚手の鍋にぎゅうぎゅうに詰め込んで、野菜のもっている水分を利用して蒸し煮にすることで、野菜の旨味を引き出しています。

にんじんのポタージュ
ふきのとうのアーリオオーリオ添え

材料（作りやすい分量）

にんじん（薄い半月切り）…2本（約350g）

A｜玉ねぎ（薄切り）… ½個（約100g）
　｜バター（食塩不使用）…15g
　｜ベーコン（細切り）…薄切り3枚（約30g）

ローリエ…1枚

塩…適量

EXVオリーブオイル…少々

黒胡椒（粒）…少々

ふきのとうのアーリオオーリオ（Memo参照）…適量

作り方

1 直径18〜20cmの厚手の鍋にAを広げ入れて火にかけ、触らずにしばらくおく。

2 ベーコンの香りが立ってきたら、にんじんと塩ひとつまみを加えて混ぜ、ローリエを加えて蓋をし、弱火で15分蒸し煮にする。

3 塩小さじ½と水400mlを加え、にんじんがやわらかくなるまで煮る。アクが出たら取り、火を止めてミキサーで攪拌し、味をみて塩で調える。

4 器に盛ってアーリオオーリオをのせ、オリーブオイルをかけて黒胡椒をひく。

 Memo ふきのとうの
アーリオオーリオ

フライパンにEXVオリーブオイル大さじ3、にんにく½かけ（みじん切り）、赤唐辛子少々（種を除く）を入れて弱火にかけ、にんにくの香りが立ってきたら火を止める。ふきのとう（さっと洗って汚れを落とし、水にはさらさない）を四つ割りにしてからざく切りにし、フライパンに塩小さじ¼とともに加えて炒める。全体に油が回ったら火を止め、パルメザンチーズ大さじ1を加えて混ぜる。そのままパンにのせたり、オリーブオイルとパルメザンチーズを追加して、ゆでたパスタとあえたりしてもおいしい。

菜の花と魚介の蒸し煮

材料（4人分）

菜の花…1束（約200g）
⇒根元を切り落とし、よく洗って水につけ、シャキッとさせる

ヤリイカ…大1ぱい
⇒内臓と軟骨を除き、洗って水気を拭き、1cm幅に切る。
ワタとイカスミはとっておく

白ワイン…大さじ1

A｜にんにく（薄切り）…1かけ
　｜赤唐辛子…適量
　｜EXVオリーブオイル…大さじ1
　｜塩…大さじ¼

作り方

1 ボウルにイカ（ワタとイカスミも）と白ワインを入れて混ぜる。

2 厚手の鍋に水気をきった菜の花、1、Aを順に入れる。

3 蓋をして火にかけ、5〜6分加熱する。蓋を開けたら蒸気が出て、菜の花の色が鮮やかで、イカに火が通っていたら火を止める。蓋をして2〜3分蒸らしてから大きく混ぜ、味をみて塩で調える。

グリーンピースとミントは、外国では定番の組み合わせ。グリーンピースは塩を加えてさっとゆで、しっかりと塩味をきかせます。急冷するとシワが寄りやすくなるのでご注意を。

レモンとハーブ、白ワインとともにレンジでチンしたタラの蒸し汁を、余すことなく粉吹きいもにしみ込ませて。生のピーマンを使ったソースが、新鮮だと大好評。肉料理にもよく合います。

グリーンピースと
マスカルポーネのブルスケッタ

材料（作りやすい分量）

グリーンピース…250g（正味120g）
マスカルポーネ…約100g
マーマレード…適量
ミント（フレッシュ）…適量
塩…適量
黒胡椒（粒）…少々
バゲット（薄切り）…½本
EXVオリーブオイル…少々

作り方

1 鍋に水500mlとその2%の塩（小さじ2弱）を入れて火にかけ、沸騰したらグリーンピースを加えて3分ゆでる。火を止めてそのまま5分おき、水100mlを加えて冷ます（**a**）。

2 冷めたらザルに上げて水気をきる。

3 バゲットは軽く焼き色がつくまでトーストし、粗熱を取る。

4 バゲット1枚につき、マスカルポーネ小さじ2、マーマレード小さじ1、塩少々、グリーンピース適量をのせる。オリーブオイルをかけ、塩少々を振って黒胡椒をひき、ミントを飾る。

じゃがいもとタラ、
ゆで卵のピーマンソースサラダ

材料（4人分）

生タラの切り身（皮なし）…2切れ
じゃがいも…2個
⇒ひと口大に切り、水にさらす
卵…2個
白ワイン…大さじ1
レモン（輪切り）…2枚
タイム（フレッシュ）…2枝
塩…適量
黒胡椒（粒）…少々
[ピーマンソース] ⇒よく混ぜる
ピーマン（みじん切り）…2個（約100g）
玉ねぎ（みじん切り）…¼個（約50g）
米酢…大さじ4
EXVオリーブオイル…大さじ2
塩…小さじ⅓

作り方

1 タラは水気を拭いて大きめのひと口大に切り、塩を全体に振って20分おき、さっと洗って水気を拭く。卵は沸騰した湯にそっと入れ、弱火で8分ゆでて冷水に取り、殻をむいて輪切りにする。

2 鍋にじゃがいもとかぶるくらいの水を入れて強火にかけ、沸騰したら弱めの中火にし、竹串を刺してみてすっと通るまでゆでる。湯を捨てて強火にかけ、鍋を揺すりながら水分をとばし、粉吹きいもにしてから軽くつぶす。

3 耐熱皿にタラをのせて白ワインをかけ、レモンとタイムをのせる。ラップをふんわりとかけ、電子レンジ（600W）で2分30秒加熱する。

4 器に**2**を盛り、**3**の汁の半量をかける。タラとゆで卵をのせ、ゆで卵に塩ひとつまみを振り、ピーマンソースをかけて黒胡椒をひく。

白ワインのミートソースパスタ

味の決め手は、肉を焼きつけて香ばしさと旨味を出すこと。仕上げには、ソースに使ったセロリの葉を散らせば、香りも彩りもバッチリです。ソースに生クリームを加えてコクを出しても。パスタはできればリガトーニを使うと、穴が太いのでソースが入り込んでしっかりからんでくれます。パスタをゆでるときの塩の量は、湯の量に対して0.7％が目安。早めに引き上げたパスタにソースを煮からめると、全体に味がしっかりしみ込みます。（作り方 p.24）

白ワインのミートソースパスタ

材料（作りやすい分量）

パスタ（リガトーニまたはペンネ）…300g

合いびき肉…400g

A | セロリ（みじん切り）…1本（約100g）
⇒葉は仕上げ用に少し取り分けておく
玉ねぎ（みじん切り）…1個（約200g）
ミニトマト（四つ割り）…15個
ケイパー（酢漬け・粗いみじん切り）
…大さじ1

にんにく（つぶす）…1かけ

EXVオリーブオイル…適量

塩…適量

黒胡椒（粒）…適量

白ワイン…100mℓ

B | ローズマリー…2本
タイム…2枝

パルメザンチーズ…適量

作り方

1 直径20〜22cmの厚手の鍋ににんにくとオリーブオイル大さじ2を入れて弱火にかけ、にんにくの香りが立ったら **A** と塩ひとつまみを加えて混ぜ、蓋をして弱火で5分蒸し煮にする。

2 フライパンを熱し、オリーブオイル大さじ1を入れて強火にし、ひき肉を入れて平らに広げ、焼き色がつくまで触らずに焼く（**a**）。
⇒ひき肉はなるべく触らずに加熱することで、焼き色をつける。最初は水っぽい脂が出てくるので、フライパンを傾けてキッチンペーパーで吸い取る。
フライパンにはりついた部分が旨味となる

3 肉の上下を返し、もう片面にも焼き色がついたら塩小さじ1を振って黒胡椒をひき、ほぐしながら混ぜる。

4 白ワインを加えて煮立て（**b**）、フライパンにはりついた肉をこそげながら混ぜる（**c**）。

5 **1** に **4** を肉汁ごと加えて混ぜ（**d**）、**B** を加えて蓋をし、弱火で20分煮込む。

6 2ℓの湯に塩大さじ1を入れ、パスタをゆでる。袋の表示より2分早く引き上げ、ゆで汁200mℓはとっておく。

7 **5** にパスタを加え、中火にして好みの食感になるまで煮からめる。汁気がなくなってきたら、**6** のゆで汁を少しずつ加える。火を止め、パルメザンチーズ大さじ2を加えて混ぜる。

8 器に盛り、パルメザンチーズ、ざく切りにしたセロリの葉を散らし、黒胡椒をひく。

LESSON. 2
ボルシチレッスン

世界三大スープのひとつであり、以前から
作り続けてきたボルシチ。数年前改めてロ
シア旅で食べ歩き、今、食べたいのはこの
味！と思えるレシピが完成。サイドメニュー
のアボカドトーストやスパイスナッツは、
手軽にできておいしいと大好評でした。

ハワイで出会ったアボカドとスパイス
ナッツの組み合わせは、新鮮な驚きで
した。「いつものアボカドトーストより
数倍おいしい！」という声が多数。ぜ
ひこのレシピで作ってみてください。

キャンディナッツとヨーグルトドレッシ
ングは、いろいろ応用できて重宝しま
す。焦げる手前までキャラメリゼした
ほろ苦いキャンディナッツは、アイス
クリームとも好相性。

アボカドトースト

材料（2人分）
アボカド…½個
カンパーニュ（薄切り・トーストする）…2枚
ミニトマト（横半分に切る）…6個
レモン汁…小さじ1
塩、黒胡椒（粒）…各少々
EXVオリーブオイル…大さじ1½
スパイスナッツ（p.35参照）…適量

作り方
1 アボカドは包丁で縦半分にぐるりと切り込みを入れ、両手でねじって半分に割る。種と皮を除き、カンパーニュに等分してのせ、フォークでつぶしてペースト状にする（**a**）。
2 レモン汁と塩、スパイスナッツを全体に振り、ミニトマトをのせてEXVオリーブオイルをかける。さらにトマトに塩を振ってスパイスナッツを振り、黒胡椒をひく。

a

パンにアボカドをのせ、そのままフォークで押しつけながらつぶすと手軽。ナッツとからみやすくなる。

ほろ苦リーフとキャンディナッツのサラダ

材料（4人分）
ケール…小5枚
⇒またはエンダイブやトレビスなどを適量
りんご（皮つき）…½個
黒胡椒（粒）…少々
キャンディナッツ（**Memo**参照）…50g

◎ヨーグルトドレッシング（作りやすい分量）
ヨーグルト（砂糖不使用）…100g
玉ねぎ（みじん切り）…大さじ1½
EXVオリーブオイル…大さじ1
レモン汁…小さじ2
はちみつ…小さじ1
塩…小さじ½
白胡椒（粉）…少々

作り方
1 ケールは冷水にさらしてシャキッとさせ、水気をしっかりと拭いて食べやすくちぎる。りんごは食べやすい大きさの薄切りにする。ドレッシングの材料を混ぜ合わせる。
2 大きめのボウルにケールを入れてドレッシングの半量を加え、ボウルの底から手で大きく混ぜてからめる。りんごを加えて混ぜる。
3 器に盛り、キャンディナッツを散らし、黒胡椒をひく。

 Memo キャンディナッツ

ミックスナッツ50gはフライパンでいる（または170度に予熱したオーブンで6分焼く）。グラニュー糖30gは鍋に入れて火にかけ、溶けて泡立ちカラメル色になったら弱火にし、濃いカラメル色になったら火から下ろす。ナッツを加えて手早くからめ、オーブンシートに移して平らにし、室温で冷ます。固まったら粗く刻む。

ビーツの鮮やかな色に染まったスープ。以前は野菜をバターで炒めて作っていたけれど、ロシアで食べ歩いてみたらもっと軽やかな味がおいしく感じて、レシピを改良しました。ロシアでは骨つき肉を使いますが、日本では手に入りにくいので、焼きつけることで旨味を出しています。肉は2時間以上煮るとやわらかくなるけれど、ぐつぐつ煮込むと旨味が抜けてしまうので、弱火でコトコト煮込むこと。仕上げに加えてひと煮立ちさせるにんにくのすりおろしとディルが食欲をそそります。

ボルシチ

材料（4〜5人分／直径22cmの鍋1個分）
牛肉（すねやもも、肩バラ肉など煮込み用）…500g
⇒大きめのひと口大に切って室温にもどす
ビーツ（細めの拍子木切り）…1個（約250g）
玉ねぎ（みじん切り）…2個（約350g）
にんじん（スライサーでしりしり状、
　　またはせん切り）…1本（約150g）
じゃがいも（細めの拍子木切り）…大1個（約200g）
⇒水にさらす
キャベツ（太めのせん切り）…⅙個（約180g）
にんにく（すりおろす）…½かけ
ディル…1パック
⇒葉を摘んで仕上げ用に少し取りおき、粗いみじん切り

A｜水…2ℓ
　｜ローリエ…2枚
　｜黒胡椒（粒）…10粒

B｜トマトペースト…大さじ1
　｜グラニュー糖…小さじ2
　｜酢…大さじ1

塩…小さじ2
黒胡椒（粒）…適量
スメタナ（Memo参照）…適量
EXVオリーブオイル…適量

作り方

1 鍋にオリーブオイル大さじ1を入れて火にかけ、牛肉を重ならないように入れて表面を焼く。

2 Aの水を少々加え、鍋底にはりついた肉を木べらでこそげる。残りのAを加えて強火にし、沸騰したらアクを取る。弱火にして30分煮込み、蓋を少しずらしてのせ、さらに30分煮込む。途中でアクが出たら取る。

3 フライパンにオリーブオイル大さじ1½を入れて火にかけ、玉ねぎをきつね色になるまで炒める。オリーブオイル少々を足し、にんじんを加えてさっと炒める。

4 小鍋にビーツを入れて蓋をし、ごく弱火で10分蒸し煮にする。ときどき大きく混ぜ、ビーツから水分が出てツヤが出てきたら(a)、Bを加えて炒める。

5 2に3と塩を加え、蓋を少しずらしてのせ、弱火で50分煮込む。じゃがいもとキャベツ、4を加え、さらに30分煮込む。

6 煮詰まって水分がかなり減ってきたら水を足す。にんにく、ディルを加えてひと煮し、味をみて塩で調える。器に盛ってスメタナをのせ、黒胡椒をひき、ディルの葉をのせる。
⇒仕上がりの水分量は、最初の水分量の⅔以上が目安

ビーツは油で炒めるのではなく、蒸し煮にする。少しのグラニュー糖を加えることで独特の匂いを消し、酢を加えることで鮮やかな色に仕上げる。

Memo スメタナ

ヨーグルト（砂糖不使用）1パック（400g）は、コーヒードリッパーにペーパーフィルターをセットしたものに入れて2時間ほどおき、水切りする。生クリーム75gを加えてなめらかになるまで混ぜる。

サーモンのペリメニ

ウクライナ、ポーランドなどにも似た料理があり、気軽で身近なメニューとして親しまれている、ロシアのペリメニ。水餃子のようなもので、ひき肉を使うのが一般的ですが、牛肉が入ったボルシチと一緒に食べることを考えて、ペリメニには生鮭を使っています。カッテージチーズやゆで卵を入れてボリュームをプラス。なんと言っても手作りの皮がおいしく、バジル風味のソースを添えると、何個でも食べたくなってしまいます。スメタナ(p.31)を添えても美味。(作り方 p.34)

a

b

皮の上にフィリングをのせて二つ折りに、縁を少しずつ内側に折りたたみながら、縄目状にとじる。

両端を合わせ、つまんでとじる。

サーモンのペリメニ

材料（約25個分）

［生地］
強力粉…200g
薄力粉…100g
卵…1個
塩…小さじ¼

［フィリング］
生鮭（骨を除いて細かく刻む）…200g
カッテージチーズ（粒タイプ）…50g
ゆで卵（粗いみじん切り）…1個
玉ねぎ（みじん切り）…大さじ3
レモン汁…小さじ1
塩…小さじ¼
白胡椒（粉）…少々

バター…10g
打ち粉（強力粉）…適量
バジル風味のソース（Memo参照）…適量

作り方

1 ボウルに生地の材料を入れ、フォークでよく混ぜる。冷水100mℓを加えてグルグル混ぜ、水気がなくなってひとつにまとまってきたら、手でこねる。

2 粉気がなくなり、弾力が出て表面がなめらかになったら、ボウルに濡れ布巾をかぶせて30分以上寝かせる。
⇒ひと晩寝かせる場合は、ラップで包んで冷蔵室に入れ、室温にもどしてから使う。
寝かせる時間が足りないと生地がのびにくい

3 2に打ち粉をして3mm厚さにのばし、直径7cmのコップなどで抜く。混ぜ合わせたフィリングを等分にのせて半分に折り、縁を縄目状にとじて両端を重ねてつまむ（**a・b**）。

4 鍋に湯を沸かしてバターを加え、3を入れて8分ゆでる。

5 器に盛り、バジル風味のソースを添える。

 Memo バジル風味のソース

バジルの葉（かたい葉脈があれば除く）10gとヨーグルト（砂糖不使用）50gをフードプロセッサーで攪拌し、生クリーム50gと塩小さじ¼を加え、ふわっとするまでさらに攪拌する。

スパイスナッツ

材料 (作りやすい分量)

A ミックスナッツ、ピスタチオ (おつまみ用)
　　　…合わせて 120g
　　　いりごま (白) …大さじ2
　　　クミン (粒) …大さじ1強
　　　コリアンダー (粒) …大さじ1

B オレガノ (ドライ) …小さじ1
　　　塩…小さじ1
　　　黒胡椒 (粒・ミルでひく) …適量

作り方

1　フライパンに **A** を入れて火にかけ、焦げないように乾いりし、粗熱をとる。

2　フードプロセッサーで撹拌し、**B** を加えて混ぜる。

アボカドトースト (p.29) に欠かせないスパイスナッツ。これさえかければ、あっという間にどこか異国風の味わいに。ポテトサラダに加えたり、焼き野菜 (特になすがおすすめ！) にかけたり、炊きたてのごはんに振りかけたりしてもおいしい。コリアンダーがなければ、クミンを1.5倍量にしてもOK。密閉容器に入れて2週間ほど保存できるので、多めに作っておくと便利。ナッツ類は酸化しやすいので、早めに使いきること。

Arrange
かぼちゃとクリームチーズのサラダ

フライパンにオリーブオイルを入れて火にかけ、小さめのひと口大に切ったかぼちゃを弱火でじっくり焼く。クリームチーズを1cm角に切ってかぼちゃとあえ、スパイスナッツを振る。

LESSON. 3
フライドチキンレッスン

ポートランドやハワイ、サンフランシスコなどアメリカ各地で食べ歩き、さまざまなフライドチキンのいいとこ取りで作ったレシピです。ビスケットなどアメリカで定番のつけ合わせも、本場顔負けのおいしさにこだわりました。

とうもろこしの粉を使ったお粥のようなもので、イタリアのポレンタとも似ています。シュリンプソテーはアメリカのレストランで見かけたのがおいしそうだったので、想像をレシピに。

とてもシンプルなリーフサラダですが、このドレッシングがあると、いくらでも食べられるおいしさです。レタス以外の葉野菜で作っても。

コーングリッツ シュリンプソテーのせ

材料（4〜5人分）

コーングリッツ（粗びき）…½カップ

A　水…500㎖
　　塩…小さじ½
　　バター…15g

B　牛乳…100㎖
　　チェダーチーズ…15g

C　長ねぎ（8mm 長さに切る）…½本
　　ベーコン（薄切り・5mm 幅に切る）…4枚

D　エビ（むき身・食べやすく切る）…6尾
　　ミニトマト（横半分に切る）…5個

E　トマトペースト…大さじ½
　　チリパウダー…小さじ½
　　オレガノ（ドライ）…小さじ¼

ピーマン（5mm 角に切る）…1個

白ワイン…大さじ1

EXV オリーブオイル…少々

塩、黒胡椒（粒）…各適量

作り方

1　鍋に A を入れて火にかけ、沸騰したらコーングリッツを泡立て器で混ぜながら少しずつ加える（a）。B を加えて混ぜ、火を止めて蓋をして蒸らす。

2　フライパンにオリーブオイルを入れて火にかけ、C をさっと炒める。全体に油がからんだら、焼き色がつくまであまり触らず、ベーコンがカリッとしてきたら D を加える。塩少々を振って黒胡椒少々をひき、さっと炒める。

3　E を加えて混ぜ、全体がなじんだら白ワインを加え、鍋底にはりついた旨味を木べらでこそげながら混ぜる。ピーマンを加えてさっと炒め、味をみて塩で調える。

4　食べる直前に 1 を火にかけ、沸騰して少しぽってりとするまで混ぜながら煮る。
　　⇒時間がたつと固まるので、水を適量足して濃度を調整する

5　器に 4 を広げ入れ、3 をのせて黒胡椒をひく。
　　⇒好みでカイエンペッパーやパセリのみじん切りを振っても

コーングリッツはとうもろこしの胚乳部分を粗くひいた粉で、ほんのり甘い味わいが特徴。

グリーンサラダ

材料（3〜4人分）

レタス（葉を1枚ずつはがす）…½個

ロメインレタス…3枚

黒胡椒（粒）…少々

◎ビネグレットドレッシング（300㎖ の瓶1本分）

ディジョンマスタード…大さじ1

ワインビネガー…大さじ2

塩…小さじ1

EXV オリーブオイル…100g

玉ねぎ（みじん切り）…大さじ3

作り方

1　ドレッシングの材料を瓶に入れ、よく振る。
　　⇒冷蔵室で4〜5日保存可能

2　レタスは水にさらしてシャキッとさせ、食べやすく手でちぎって水気をしっかりと拭き、ボウルに入れる。ドレッシング適量と黒胡椒をひいて加え、あえる。

フライドチキン

アメリカでたくさん食べ比べた結果、おいしいと感じたのは衣がガリッとした食感で、食べるとバリバリッとはがれるような軽やかなもの。どうしたらこうなるのかなと研究したところ、鶏肉の皮の余分な脂身を丁寧に除いていることがわかりました。さらに衣にベーキングパウダーを加えて二度づけすることで、理想の食感を実現！ バターミルク風の漬け汁でマリネした肉はしっとりとジューシー。メープルシロップにはカルダモンの風味をつけているのがポイントです。(作り方 p.42)

フライドチキン

材料（6ピース分）

骨つき鶏もも肉…3本（約1.2kg）

⇒または骨なしの鶏もも肉3枚を半分に切る（約800g）

A | 塩…小さじ1
⇒骨なしの場合は小さじ⅔

砂糖…小さじ⅓
白胡椒（粉）…少々

B | 牛乳…200mℓ
ヨーグルト（砂糖不使用）…大さじ2
オレガノ（ドライ）…大さじ1

［衣］

薄力粉、強力粉…各100g

ベーキングパウダー…小さじ¼強

塩…小さじ1強

粗びき黒胡椒…小さじ2強

揚げ油（米油）…適量

カルダモンメープルシロップ（Memo参照）…適量

Memo カルダモンメープルシロップ

鍋にメープルシロップ250gとカルダモン（粒）5粒を入れて火にかけ、沸騰直前で火から下ろす。そのまま半日以上おき、冷蔵室で保存する。

作り方

1 鶏肉は表面の水気を拭いて関節で半分に切り、骨の両脇に切り込みを入れ、白い脂身をできるだけ除く。皮の内側の脂身も削ぐ（**a**）。数カ所に包丁やフォークを刺し、皮がない面に **A** を順にまんべんなく振って10分おく。

2 ジッパーつき保存袋に **B** を入れて混ぜ、**1** を入れて空気を抜きながら閉じ、3時間以上つける。
⇒冷蔵室で3日保存可能

3 揚げる1時間前に冷蔵室から出し、つけ汁ごとボウルに移して室温にもどす。

4 衣の材料をバットに入れてよく混ぜる。**3** の鶏肉をつけ汁をきって取り出し、皮をのばしながら衣をまぶして5分おく。

5 **4** を再びつけ汁につけ、再び衣をまぶして3分おく（**b**）。

6 揚げ油（170度）に皮目を下にして入れる（**c**）。2分ほどは触らず、その後はときどき上下を返しながら表面がガリッとするまで12分ほど揚げる。油をよくきり、網の上で5分休ませる。器に盛り、カルダモンメープルシロップをかけ、好みで黒胡椒をひく。

a 鶏肉の黄色っぽい脂身や、皮の内側にある薄い脂身を丁寧に除く。皮がはがれてしまっても、衣をつけるときにはりつければ大丈夫。

b 衣をまぶしたあと、再びつけ汁につけて衣をまぶす。片手で鶏肉を持ち、もう片方の手でスケッパーや大きなスプーンを使って衣をかけると、作業がスムーズ。

c 大きな鍋に一度に入れて揚げるので、揚げ油のかさが増す。そのため、そんなにたくさんの量は使わなくてもOK。

美しい色が食卓を華やかに彩ってくれる副菜。オレンジの果汁をきかせたドレッシングは、かぼちゃのローストにかけるのも気に入っています。

赤キャベツのマリネ

材料（3〜4人分）
A｜赤キャベツ（太めのせん切り）…⅛個（約150g）
　｜にんじん（せん切り）…½本
　｜塩…小さじ¼

◎オレンジドレッシング（作りやすい分量）
オレンジの果汁、レモンの果汁、はちみつ
　…各大さじ2
粒マスタード…大さじ1
EXVオリーブオイル…大さじ3
塩…小さじ½
オレガノ（ドライ・あれば）…小さじ1

作り方
1 ドレッシングの材料を瓶に入れ、よく振る。
2 Aをボウルに入れて混ぜ、10分おいて出てきた水分をキッチンペーパーで拭く。
3 1の半量ほどを加えて混ぜる。味をみて塩や黒胡椒で調える。

オレンジドレッシングは手持ちの空き瓶に材料を入れるだけで完成。そのまま冷蔵室で保存できるのが便利。使う前にシェイクして。冷蔵室で4〜5日保存可能。

アメリカではインスタント商品もある
人気メニュー。軽めのベシャメルソー
スにたっぷりのチーズを加えるのが、
いちばんおいしいと思います。

マカロニチーズほうれんそう

材料 (作りやすい分量／直径21cmの耐熱皿1枚分)

マカロニ…150g

ほうれんそう…3株

バター…45g

薄力粉…大さじ3

牛乳…600mℓ

ローリエ…2枚

A | ナツメグパウダー…少々
　　 塩…小さじ⅓
　　 白胡椒 (粒・ミルでひく)…少々
　　 チーズ…150g
　　 ⇒チェダーやグリュイエール、ゴーダなど
　　 2種類以上混ぜるとよい

塩…小さじ2

作り方

1 ほうれんそうは熱湯でさっとゆで、冷水にとって水気を絞る。根元を切り落として1cm長さに切る。

2 マカロニは、1.5ℓの水に塩を入れた湯で表示時間どおりにゆでてザルに上げる (ゆで汁50mℓはとっておく)。

3 小鍋にバターを入れて弱火にかけ、溶けたらいったん火を止める。薄力粉を茶こしなどでふるい入れ、泡立て器でダマにならないようしっかり混ぜる。牛乳100mℓを加えてよく混ぜる (a)。全体がなじんだら残りの牛乳を加え、なめらかになるまで混ぜる。

4 ローリエを加えて弱火にかけ、ダマができないように絶えず混ぜる。沸騰してとろみがついたら火を止め、Aを加えて混ぜる。

5 マカロニをゆで汁とともに加えて火にかけ、たえず混ぜ続ける。沸騰したら1を加えて混ぜる。

6 耐熱皿に入れ、220度に予熱したオーブンで表面に焼き色がつくまで15分ほど焼く。

バターと合わせた薄力粉に牛乳の一部を加えて混ぜ、なじんだら残りの牛乳を一気に加えてよく混ぜる。

かじるとザクッとした食感で、中はふんわり。カルダモンメープルシロップはポートランドで出会い、すごく幸せを感じた味。旅に出なかったら知ることのなかった味なのです。

ビスケット

材料（6個分）

A 薄力粉…100g
　強力粉…50g
　きび砂糖…20g
　ベーキングパウダー…小さじ1½
　塩…ひとつまみ

⇒混ぜ合わせて冷蔵室で冷やしておく

バター（食塩不使用）…30g

⇒5mm角に切り、冷蔵室で冷やしておく

B 生クリーム…100mℓ
　ヨーグルト（砂糖不使用）…大さじ1

⇒混ぜ合わせて冷蔵室で冷やしておく

牛乳…大さじ1
カルダモンメープルシロップ（p.42）…適量

作り方

1 ボウルにAを入れ、ほぐすようにフォークで混ぜる。バターを加えてスケッパーで切るように混ぜ、大きいダマがあったら指先ですりつぶす。

2 Bを2〜3回に分けて加え、そのつどフォークで混ぜる。そぼろ状になったら、スケッパーで刻むように混ぜる。

3 生地のかたまりを半分すくって重ねては手で軽く押さえてまとめていく（**a**）。ある程度くっついたら、生地をラップの上に取り出し、半分に切っては重ねて押さえる作業を、縦から横へと向きを変えながら3〜4回くり返す（**b**）。

4 べたつくようなら打ち粉（強力粉）をして長方形に整え、ラップで包んで冷蔵室に30分おく（**c**）。

5 めん棒で3cm厚さにのばし、6等分に切る。表面に牛乳を刷毛などで塗り、オーブンシートを敷いた天板に隙間をあけて並べる。
⇒型で抜くと、残り生地をこねることになってしまうので切り分けるほうがよい

6 200度に予熱したオーブンで20分焼く。器に盛り、カルダモンメープルシロップを添える。
⇒焼きたてより粗熱が取れてからのほうが粉気がなじんでおいしい

生地はこねずに重ねることで空気をはらんだ層ができて、サクッとした食感に。

LESSON. 4
春のオーブン料理レッスン

オーブンは使い慣れると、ほったらかしで
もおいしく仕上げてくれる頼もしい相棒に
なります。ゆでたり、フライパンで焼いた
りしていた素材を、オーブンでじっくり加
熱してみたら、まったく違う味わいになる
ことも。

焼き鳥屋さんで食べておいしかったクレソンのサラダをヒントに、新玉ねぎで作ったサラダ。カレー粉がアクセントになっています。アジフライなどの揚げ物や、肉料理に添えてもおいしい。

フレッシュなカリフラワーはコリコリとした食感がごちそう。濃厚なブルーチーズソースがよく合います。りんごの甘味と酸味をプラスしてサラダに仕立てて、白ワインのお供に。

新玉ねぎのサラダと砂肝のソテー

材料 (作りやすい分量)
砂肝 (皮つき)…500g
塩…小さじ½
黒胡椒 (粒)…適量
EXV オリーブオイル…大さじ3
新玉ねぎ (薄皮もむく)…1個 (約200g)
ベビーリーフ…1パック (30g)
A │ ホワイトバルサミコ酢…大さじ1½
  │ カレー粉…小さじ1½
  │ 塩…ひとつまみ
  │ 黒胡椒 (粒・ミルでひく)…少々
  │ ミックスナッツ (細かく刻む)…15g

作り方
1 砂肝は銀皮と内皮を除き、赤身の部分だけにする
  (a)。さっと洗ってザルに上げ、キッチンペーパー
  で水気をしっかりと拭く。
2 フライパンにオリーブオイル大さじ1½を入れて
  強火で熱し、砂肝を重ならないように広げ入れ、
  触らずに焼く。全体にほぼ火が通って色が変わっ
  たら、塩を振って黒胡椒をひく。
3 新玉ねぎは縦に薄切りにして水にさらし、水を1、
  2回かえてしっかりと水気をきる。ボウルに入れ
  てオリーブオイル大さじ1½を縁から加え、から
  める。
4 ベビーリーフは洗って水につけ、シャキッとさせ
  てからしっかりと水気を切る。
5 3にAを加えて混ぜる。4を加えてさっと混ぜる。
6 器に2と5を盛り、黒胡椒をひく。

青白くピカピカしている銀皮と、
白くピラピラとした内皮は、
筋っぽく歯触りが悪い。削ぎ落
とすとぐんと食感がよくなり、
おいしさがアップする。

カリフラワーとりんごのブルーチーズソース

材料 (3〜4人分)
カリフラワー…½個 (正味約300g)
りんご…½個
砂糖水 (水200ml＋砂糖大さじ1)

◎ブルーチーズソース (作りやすい分量)
ブルーチーズ (室温にもどす)…100g
EXV オリーブオイル…50g
赤ワインビネガー…大さじ1

塩…ひとつまみ
ピンクペッパー…少々

作り方
1 カリフラワーは茎に切り込みを入れ、水につけて
  シャキッとさせ水気をきり、薄切りにする。
2 りんごは芯と種を除き、皮ごと薄切りにしてから
  棒状に切り、砂糖水に2〜3分つける。
3 ブルーチーズソースの材料をフードプロセッサー
  で攪拌するか、なめらかになるまで泡立て器で混
  ぜる。
4 ボウルに1を入れ、塩を振って混ぜる。水気をきっ
  たりんごを加え、ブルーチーズソース適量を加え
  て混ぜる。
5 器に盛り、ピンクペッパーを指先でつぶしながら
  散らす。

バターで作る練りパイは私の十八番で
すが、料理に合わせられるもっと軽や
かな味わいで、かつ手軽にできるもの
をと、何度も何度も試作してでき上がっ
たレシピです。練らないのがポイント
で、粉と油を切るように混ぜて重ねて
いくことでハラリとした層を作ります。
生地がガリッとするまでしっかり焼き
込むので、ザクザクとしたクラッカー
のような食感。

オリーブオイルで作るトマトパイ

材料（直径18cm1枚分）

A 強力粉…100g
全粒粉…30g
塩…ひとつまみ

B EXVオリーブオイル…50g（大さじ5）
冷水…50㎖

ミニトマト（横半分に切る）…15個
塩…ひとつまみ
グラニュー糖…大さじ½
EXVオリーブオイル…大さじ1
タイム（フレッシュ）…適量
打ち粉（強力粉）…適量

作り方

1 ボウルに**A**を入れてフォークでよく混ぜ、¼カップ分を取りおく（**a**）。

2 **B**をさっと混ぜてから**1**のボウルに加え（**b**）、スケッパーで格子状に切り混ぜてそぼろ状にする（**c**）。途中で取りおいた**A**を加えて同様にする。粉気が残っていてもよい。

3 スケッパーで4等分に切って打ち粉をする（**d**）。

4 クッキングシートを敷き、打ち粉をする。**3**をシートの上に¼量ずつ取り出して重ねる（**e**）。さらに打ち粉をし、全体を手前に二つ折りにしてから、左右を三つ折りにする（**f**）。

5 めん棒で直径25cmにのばし（**g**）、全体にフォークで軽く穴をあける（**h**）。

6 ミニトマトを切り口を上にして並べ、縁をひだを寄せるように折り込み（**i**）、全体を手で丸く整える（**j**）。

7 生地のまわりにオリーブオイルをかけ、残りをトマトにかける（**k**）。トマトに塩とグラニュー糖ひとつまみを振り、ひだを寄せた生地に残りのグラニュー糖を振り、タイムをのせる。

8 クッキングシートごと天板にのせ（**l**）、200度に予熱したオーブンで10分焼き、180度に下げて50分、香ばしい焼き色がつくまで焼く。

⇒**a**〜**l**の写真はp.54-55に掲載

白いんげん豆とケール、
豚肉の煮込み焼き

イタリアやフランスの田舎料理をイメージした豆と野菜の煮込み。煮込んだあと、パン粉を振って焼くことによって、ぐっとごちそう感が出ます。食べる時間がそろわないときは、グラタン皿などに小分けにしておくと、各自が食べる直前に焼けるので便利。野菜の甘さを抑え、ほろ苦いケールをたっぷり入れるのがコツ。あればカーリーケールがおすすめですが、ない場合は煮込んでも甘味の少ないかぶや大根の葉、菜の花、小松菜、プチヴェールなどでもおいしくできます。（作り方 p.58）

白いんげん豆とケール、豚肉の煮込み焼き

材料（4〜5人分／直径20〜22cmの鍋1個分）

白いんげん豆（乾燥）…100g
⇒よく洗ってたっぷりの熱湯に30分つけてもどす（**a**）

ケール…大4枚（約150g）
⇒葉は食べやすくちぎり、軸は1cm長さに切って洗い、冷水につけてから水気をきる

豚バラかたまり肉…350g

塩…適量

白胡椒（粉）…少々

白ワイン…大さじ1

にんにく（薄切り）…½かけ

玉ねぎ（ざく切り）…½個（約100g）

セロリ（葉はざく切り、茎は2cm角に切る）
　…½本（約80g）

ミニトマト（四つ割り）…5個

じゃがいも（メークイン）…大1個（約200g）
⇒ひと口大に切って水にさらす

ローリエ…2枚

パン粉…適量

パルメザンチーズ…パン粉の半量

バゲット…適量
⇒スライスしてトースターで焼き、そのまま庫内で乾燥させる

EXVオリーブオイル…適量

黒胡椒（粒）…少々

シンプルサルサヴェルデ（**Memo**参照）…適量

作り方

1 豚肉は大きめのひと口大に切って塩小さじ1と白胡椒をもみ込み、白ワインとにんにくを加えて混ぜ、15分以上おく。

2 鍋にいんげん豆と**1**、ローリエ、水600mℓを入れて火にかけ、沸騰したらアクを取る。蓋を少しずらしてのせ、弱火で20〜30分ゆでる。玉ねぎとセロリ、ミニトマト、ケールの軸を加えて塩ひとつまみを振り、蓋をして蒸気が出てくるまで弱火にかけ、全体を混ぜる。

3 じゃがいもを水気をきって加え、ケールの葉をのせ、塩ひとつまみを振る。蓋を少しずらしてのせ（**b**）、いんげん豆と豚肉がやわらかくなるまで弱火で40分〜1時間煮る。味をみて塩で調える。

4 汁ごと耐熱皿に入れ、パン粉とパルメザンチーズを振り、オリーブオイル大さじ½を回しかける。210度に予熱したオーブンで焼き色がつくまで10〜15分焼く。

5 器にバゲットを盛り、**4**をのせる。オリーブオイル少々をかけ、黒胡椒をひく。サルサヴェルデを添え、味の変化を楽しむ。

いんげん豆はよく洗い、たっぷりの熱湯に30分つけてもどす。前の晩に水につけておくより手軽。

ケールをたっぷりと入れ、蓋をずらしてのせて煮込む。

Memo シンプルサルサヴェルデ

イタリアンパセリの葉10g（1パック程度）、酢漬けケイパー（軽く水気をきる）小さじ1½、オリーブオイル大さじ4、塩少々をフードプロセッサーなどで攪拌する。パセリとケイパーをみじん切りにしてから、ほかの材料と合わせてもOK。アンチョビーやゆで卵の黄身、にんにく、パンなどは入れず、今回の煮込みに合わせてシンプルで軽やかな味に。焼いたりゆでたり蒸したりした野菜や、肉・魚料理などに添えてもおいしい。特にゆでたじゃがいもやアボカドがおすすめ。好みでレモン汁を加えても。

うどとにんじんのオーブン焼き

材料（3〜4人分）
にんじん…2本
うど…2本
⇒皮つきのまま使うが、皮が濃い緑の場合は桂むきにする
EXV オリーブオイル…適量
塩…適量

作り方

1 にんじんは皮ごとよく洗い、太ければ縦半分に切る。1本ずつたっぷりのオリーブオイルと塩をまぶし、180度に予熱したオーブンで1時間ほど焼く（30分ほどたったら、うどを一緒に焼く）。

2 うどは根元を少し切り、表面のうぶ毛を包丁の背でこそげる。黒ずんでいる部分は削ぎ落とし、皮つきのままひと口大に切る。さっと洗い、ザルに上げて水気をきり、オリーブオイルと塩をまぶす。**1**のオーブンに加え（**a**）、30分焼く。
⇒にんじんはシワが寄るくらいが焼き上がりの目安。
うどはかじってみて繊維が残っているようなら、もう少し焼く
⇒好みでシンプルサルサヴェルデ（p.58）やパルメザンチーズをかけても
⇒野菜自体がしなびていると焼いても歯切れが悪いので、
新鮮な野菜を使って

単なるオーブン焼きと思うかもしれませんが、これが食べてびっくりのおいしさなのです。アスパラや芽キャベツなど季節の野菜でよいけれど、特におすすめなのがにんじんとうど。

LESSON. 5
家庭の中華料理レッスン

中華料理は和食との相性もいいので、毎日の献立に取り入れやすいのが魅力。市販品を食べることが多い焼売も、本格的な味は難しいと思っていた麻婆豆腐も、ポイントを押さえれば家族が喜ぶおいしさに。箸休めに最適な副菜もご紹介しています。

[献立]

夏が盛りのとうもろこしを使った前菜。
スープといっても水分を少なめにする
ことで、鶏肉ととうもろこしの旨味を
ぎゅっと閉じ込めました。和食にもよく
合います。

とうもろこしと鶏肉の冷製スープ

材料（4人分）

とうもろこし…1本
⇒長さを半分に切り、実をはずす（芯はとっておく）

鶏ささ身…2本（約100g）

A｜水…400mℓ
　｜酒…大さじ1
　｜昆布…5g
　｜きび砂糖…小さじ1
　｜塩…小さじ1
　｜しょうが（薄切り）…2切れ
⇒水と昆布は前の晩から合わせておくとなおよい

糸唐辛子（あれば・一味や七味唐辛子でも）…適量

作り方

1 小鍋に A ととうもろこしの芯を入れ、ごく弱火にかける（**a**）。煮立ったら水50mℓを足して温度を下げ、ささ身を加えてごく弱火のまま3分ゆでる。ささ身に弾力があればOK。火を止めて蓋をし、余熱で3〜5分火を通す。ささ身を取り出してアクがついていればさっと洗い、水につける。

2 鍋を再び火にかけ、煮立ったらとうもろこしの実を加える。再び沸騰したらアクを取り、火を止めてそのまま冷ます。

3 とうもろこしの芯を取り出し、ささ身を水気をきってからほぐして加え、冷蔵室で冷やす。

4 器に盛り、糸唐辛子をのせる。
⇒冷蔵室で3日ほど保存可能

Arrange
あたたかいとうもろこしのとろみ餡

鍋に水50mℓと**3**を入れて火にかけ、水溶き片栗粉（水、片栗粉各大さじ½）を加えてとろみをつけ、溶き卵を流し入れる。とうもろこしの甘さと食感を堪能できるスープ。

「家で作るとこんなにおいしいんですね！」とみんなが感動する焼売。大きめに切った玉ねぎがごろごろ入っているのがポイントです。たねはしっかり味つけされているので、練りがらしと酢で食べるのがおすすめ。レッスンでは手早く包むコツもお伝えしています。たくさん蒸して冷凍しておき、お弁当に入れるという人も多いよう。蒸すのは失敗しづらいので、その点も喜ばれています。

玉ねぎごろごろ焼売

材料（25個分）

豚ひき肉…400g

玉ねぎ…大1個（約250g）

片栗粉…大さじ2

A ┃ しょうが（すりおろす）…30g
　　┃ きび砂糖…大さじ1
　　┃ 塩…小さじ1
　　┃ 黒胡椒（粒・ミルで6〜7回ひく）…適量
　　┃ 酒…大さじ1
　　┃ 醤油…大さじ1
　　┃ 溶き卵…1個分
　　┃ ごま油…大さじ1

焼売の皮…25枚

作り方

1 玉ねぎは1cm角に切ってボウルに入れ、ほぐしてから片栗粉を加えて混ぜる（**a**）。
⇒片栗粉をまぶすことによって余計な水分が出ない

2 大きめのボウルにひき肉を入れてよく練る。粘り気が出てきたら**A**を加え、しっかりと混ぜて肉に水分を吸わせる。混ぜ上がりの目安は、白っぽくマットな質感になり、ボウルに肉がはりつくくらい（**b**）。

3 **1**を加えて混ぜ、冷蔵室で2時間以上冷やす。

4 焼売の皮で**3**を等分に包み（**c・d**）、セイロに並べる。
⇒セイロには、穴をあけたクッキングシートやレタス、キャベツの葉などを敷く

5 鍋に湯を沸かし、湯気が上がったら**4**をのせ、蓋をして強火で9〜10分蒸す。最初の5分は絶対に蓋を開けないで。
⇒セイロは直径30cmを使用

皮の上に肉だねを広げ、小さなゴムべらや先のとがっていないスプーンを中央に立てて軸にし、まわりをすぼめるように形作る。手のひらにのせてトントンと落とすと底ができる。縦長ぎみで、皮からたねがはみ出るくらいがきれいな仕上がりに。

中国の地方料理の板春雨のサラダをヒントに、透明感があってつるんとした食感の葛切りでサラダを作りました。いりごまやラー油をかけてもおいしい。

冬瓜を生でも食べられると聞き、薄切りにしてみょうがと合わせてみたら、涼しげな色合いが美しいあえ物に。青じそをプラスしたり、蒸し鶏を加えてボリュームを出したりしても。

葛切りと夏野菜の中華風サラダ

材料（4人分）
葛切り（乾燥・平たいもの）…60g
⇒水に1時間以上つける
ゴーヤー（種とワタを除く）…½本（約100g）
フルーツトマト（六つ割り）…2個
赤玉ねぎ（薄切り）…¼個
パクチー…1束
⇒葉を摘み、茎は粗く刻む。青じそ3枚でもOK
きゅうり（板ずりする）…2本
塩水（水500mℓ＋塩大さじ1）
⇒あれば昆布3cm角1枚を入れる
［中華だれ］
醤油…大さじ2
米酢…大さじ2
きび砂糖…大さじ½
ごま油…大さじ1
しょうが（すりおろす）…15g

作り方
1 葛切りは沸騰した湯で5分ゆで、火を止めて蓋をし、5分蒸らす。流水で洗ってぬめりを取り、冷水にくぐらせ、水気をきる。
2 ゴーヤーは薄切りにし、塩ひとつまみ（分量外）を振って軽くもむ。10分おいて洗い、水気をきる。
3 きゅうりは蛇腹切り（a）にしてから食べやすい大きさに切る。水をかえながらよく洗い、塩水につける。食べる直前に軽く水気を絞る。
4 ボウルに中華だれの材料を入れてよく混ぜ、パクチーの葉以外の材料を入れ、ざっくりと混ぜる。
⇒前もって作る場合、トマトは水気が出るので、食べる直前に加えるとよい
5 器に盛り、パクチーの葉をのせる。

きゅうりはピーラーで上下の皮をむいて安定させ、端から斜めに細かく切り目を入れる。向こう側に転がし、同様に端から切り目を入れて。

みょうがと冬瓜の甘酢あえ

材料（4人分）
みょうが…4個
⇒縦半分に切ってから斜め薄切りにし、水にさらす
冬瓜…⅛個（約300g）
塩…小さじ¼
［甘酢］
米酢…大さじ1
きび砂糖…小さじ2
塩…ひとつまみ

作り方
1 冬瓜は種とワタを除き、皮を厚めにむく（a）。食べやすい長さに切ってから薄切りにし、ボウルに入れる。塩を振って混ぜ、10分おいて水気をきる。
2 甘酢の材料を混ぜ、**1**、水気をしっかりきったみょうがをさっとあえる。味をみて塩で調える。

家族が「世界一の麻婆豆腐だね」と言ってくれる自慢の一品。しびれる辛さの中に旨味があり、大きく切った豆腐をくずしながら食べると、辛さがマイルドになってちょうどいいのです。スープや特別な調味料を使わずとも薬味をたくさん使うことで、深みのあるワンランク上の味になります。豆腐は木綿でも絹でもお好みで。

小堀式麻婆豆腐

材料（4〜5人分）

豚ひき肉…200g

豆腐…2丁（600g）

長ねぎ（みじん切り）…2本（約160g）

A　しょうが（みじん切り）…30g
　　にんにく（みじん切り）…1かけ
　　花椒（ホワジャオ）（粒・軽くつぶす）…大さじ1
　　⇒仕上げ用に少し取り分けておく
　　赤唐辛子（種を除く）…½本
　　ごま油…大さじ3

豆板醤…大さじ1½

B　きび砂糖…小さじ½
　　塩…小さじ¼
　　黒胡椒（粒・ミルでひく）…適量
　　豆豉（トゥチ）（粗いみじん切り）…大さじ1強（15g）
　　酒…大さじ1
　　テンメンジャン…大さじ1
　　醤油…大さじ1

紹興酒…大さじ2

塩…ひとつまみ

水溶き片栗粉（水、片栗粉各大さじ1）

作り方

1 鍋に水を入れ、大きめに切った豆腐を入れる。塩を加えて火にかけ、豆腐が温まってゆらゆら泳ぐようになるまでゆで（**a**）、そっとザルに上げる。

2 フライパンに長ねぎの半量と **A** を入れて火にかけ、花椒の香りが立ってきたら豆板醤を加えて炒める（**b**）。
⇒辛いのが苦手なかたは、花椒や豆板醤の量を減らして調整を

3 ひき肉を加え、強火にしてほぐしながら炒める。パラパラの状態になり、水分がとんでパチパチと音がするまでしっかりと炒める。
⇒肉の水分と一緒に余分な脂や臭みをとばす

4 **B** を加えて炒め合わせ、紹興酒を回し入れ（**c**）、水200mℓを加えてひと煮立ちさせる。

5 火を少し弱めて豆腐をそっと加え、2〜3分煮る。全体がなじむよう、ときどきフライパンを揺すりながら大きく混ぜる（**d**）。

6 いったん火を止め、水溶き片栗粉を少しずつ加えて混ぜる。再び強火にかけて1〜2分煮立てる。器に盛り、花椒と残りの長ねぎを散らす。

a
豆腐は塩ひとつまみを加えた湯でゆでることで、余計な水分が出る。

b
香味野菜やスパイスは油で熱することで香りが立つ。

c
ひき肉の水分をとばしてから調味料を加えることで、しっかりとしみ込ませる。

d
豆腐がくずれないよう、フライパンごと揺すって全体を混ぜる。

LESSON. 6
アジアンエスニックレッスン

ふだんのおかずやお弁当、酒のつまみに役立つ手軽なおかずや、あと一品というときにさっと作れるあえ物。韓国やタイ、日本の味を取り入れたアジアンなメニューに、ごはんのおかわりが続出！作りおきしておくと重宝するたれも人気レシピです。

ガパオはタイのバジルという意味。日本で一般的なバジルは、タイのものより風味が穏やかなので、たっぷり使いましょう。春雨を加えてもおいしい。

しょうがをきかせたナムルのようなあえ物。さっぱりとした味わいで、シャキシャキした食感にハマる人が多数！

あさりと厚揚げのガパオ炒め

材料（4人分）
あさり（殻つき）…200g
⇒砂出しし、調理する直前に塩を振って
殻と殻をこすり合わせて汚れを落とし、洗う
厚揚げ（2cm角に切る）…2枚（約230g）
赤パプリカ（1cm角に切る）…½個
バジルの葉（手でちぎる）…大20枚
⇒仕上げ用に少しとっておく
A ｜ 玉ねぎ（粗いみじん切り）…⅙個
　　｜ にんにく（みじん切り）…1かけ
　　｜ しょうが（太めのせん切り）…1かけ
　　｜ 赤唐辛子（種を除く）…½本
　　｜ パクチーの茎と根（みじん切り）…1株分
[たれ]
オイスターソース…大さじ½
ナンプラー…小さじ1
醤油…小さじ½
きび砂糖…小さじ½
豆板醤…小さじ¼
酒…大さじ1
水…大さじ2

黒胡椒（粒）…少々
油…小さじ2

作り方
1 フライパンに油と**A**を入れ、火にかけて炒める。香りが立ってきたら、厚揚げとあさりを加えて混ぜる。
2 たれの材料を混ぜ合わせて加え、蓋をして火を強め、フライパンの縁から蒸気が出るまで加熱する。あさりの口が開いてきたら蓋を取り、混ぜながら水分をとばして火を止め、パプリカとバジルを加えて混ぜる。
⇒水分をとばしながら厚揚げに味を含めるので、冷めてもおいしい
3 器に盛って黒胡椒をひき、バジルの葉を散らす。
⇒パクチーの茎と根を入れることで味に深みが出る

おかひじきときゅうりのあえ物

材料（4人分）
おかひじき…2パック（約80g）
きゅうり…1本
A ｜ しょうが（すりおろす）…1かけ
　　｜ ごま油…大さじ2
　　｜ 塩…小さじ¼
塩…適量

作り方
1 おかひじきは根元がかたければ切り落とし、長さを半分に切る。塩少々を入れた熱湯でさっとゆで、冷水につけて冷まし、ザルに上げて水気を絞る。
2 きゅうりはまないたにのせて塩適量を振り、ごろごろと転がしてから洗う。縦半分に切って小さめのスプーンで種を除き、斜め薄切りにする。塩少々を振って混ぜてからさっと洗い、水気をしっかり拭く。
3 ボウルに**A**を入れて混ぜ、**1**と**2**を加えてほぐしながらよく混ぜる。味をみて塩で調える。

ラーブは、肉や魚などを唐辛子やナンプラー、ライム、いり米の粉（カオクア）であえたタイの料理。ムーは豚肉のことで、牛肉や鶏肉、魚でアレンジしてもOK。辛味、酸味、甘味、塩気が合わさったしっかりとした味つけで、ごはんが進みます。辛いほうが好きなかたは、粉唐辛子を足すと赤くなってしまうので、赤唐辛子や青唐辛子を刻んで加えてみてください。独特の香ばしさが特徴のいり米は入れなくてもよいけれど、入れればぐっと本格的に。

ラープ ムー

材料（4人分）

豚ひき肉…300g
⇒水気をキッチンペーパーで拭く

A｜ 赤玉ねぎ（横半分に切ってから薄切り）…¼個
　　パクチー（茎と根はみじん切り、葉はざく切り）
　　　…1〜2株
　　ミントの葉…ひとつかみ
　　小ねぎ（小口切り）…5本
　　いり米の粉（**Memo**参照）…大さじ3

［たれ］

レモン汁（またはライム果汁）…大さじ4
⇒果肉も入れて計量する

ナンプラー…大さじ2
粉唐辛子…小さじ1
砂糖…小さじ½
しょうが（すりおろす）…1かけ
にんにく（すりおろす）…少々

EXVオリーブオイル…大さじ½
黒胡椒（粒）…少々

作り方

1　フライパンにオリーブオイルを入れて火にかけ、ひき肉を広げ入れて触らずに焼く。フライパンを傾けて、最初に出てきた脂をキッチンペーパーで吸い取る。

2　焼き色がついたら水大さじ1½を加え、鍋底にはりついた部分（旨味）をこそげながら上下を返す。黒胡椒をひき、肉汁が透明になってほぼ水分がとぶまで、大きくほぐしながら炒める。

3　ボウルにたれの材料を入れて混ぜ、**2**と**A**を加えて混ぜる。

ラープ ムーのたれは、蒸したなすや春雨のサラダにもおすすめなので、多めに作りおきを。これだけでタイ風の味になる。

 Memo　いり米の粉

作りやすい分量でまとめて作っておくのがおすすめ。フライパンにもち米または白米1カップを入れて香ばしくなるまでいる。あればこぶみかんの葉5枚やレモングラス2gを加えてからいると、美味。冷めたらフードプロセッサーで攪拌するか、すり鉢でする。米はタイ米を使うと本格的な味わいに。常温で2週間保存可能。

豚しゃぶ用の肉をやわらかく仕上げる
コツは、ごく弱火で加熱して余熱で火
を通すこと。たれさえあれば、あっと
いう間にでき上がり。肉や野菜を好き
なものにアレンジしてもOK。

塩もみした大根をレモン汁とオリーブ
オイルでマリネするだけ。味の決め手
は、フレッシュなバジルの香り。オリー
ブオイルをごま油にかえてもおいしい
ですよ。

豚しゃぶとなすの韓国風

材料（3〜4人分）
豚バラしゃぶしゃぶ用肉（3等分に切る）…150g
なす（大きめの乱切り）…3個
⇒塩水にひたしてキッチンペーパーで落とし蓋をする

A | トマト（乱切り）…1個
　　 | すりごま（白）…大さじ2

ごま油…大さじ2
酒…少々
塩…ひとつまみ

◎韓国風たれ（作りやすい分量）
米酢…100mℓ
コチュジャン（辛口唐辛子みそ）…大さじ3
砂糖…大さじ2
醤油…大さじ1⅓
ごま油…大さじ2
にんにく（すりおろす）…½かけ

作り方
1 鍋に湯を沸かし、酒を加えてごく弱火にし、豚肉を2〜3回に分けて入れる。そのつどほぐして肉の色がピンクに変わったらザルに上げ、余熱で火を通す。
2 フライパンにごま油を入れて強火で熱し、水気をきったなすを加えて炒める。全体に油が回ったら塩を加えて混ぜ、蓋をして火を少し弱め、なすがやわらかくなるまで蒸す。
3 ボウルに**1**、**2**、材料を混ぜ合わせた韓国風たれ大さじ3〜4を入れて混ぜ、**A**を加えて混ぜる。味をみて韓国風たれで調える。
⇒豚肉は加熱したあと冷蔵保存も可能。食べる直前に熱々のなすを加えれば、固まった脂がゆるんでほどよくなる

韓国風たれは、冷やし中華やうどんにかけてもおいしい。材料をボウルに入れて混ぜ合わせるだけ。密閉容器に入れて冷蔵室で2週間ほど保存可能。コチュジャンが甘めの場合は、粉唐辛子適量を加えて辛さを調整して。

大根のバジルマリネ

材料（4〜5人分）
大根…正味200g
⇒写真は赤大根。紅芯大根を使っても華やか
塩…小さじ½

A | レモン汁…大さじ1
　　 | EXVオリーブオイル…大さじ1
　　 | バジルの葉（ちぎる）…10枚

作り方
1 大根は5cm長さに切ってから8mm角の拍子木切りにする。塩もみして10分おいてからザルに上げ、水気をきる。
2 ボウルに**A**とともに入れて混ぜ、20分以上おく。味をみて塩で調える。

車麩をもどすのにも、衣になるバッター液にもしょうが水を利用して風味づけ。外はカリッ、中はもっちりとした食感がたまりません。衣に卵を使っていないので、軽やかな味わい。揚げ油は米油を使うとカラッと揚がります。カレー塩やピーナッツソースがよく合いますが、市販のスイートチリソースやウスターソースをつけても美味。

車麩のフライ

材料（作りやすい分量）
車麩…3枚
A｜水…200mℓ
　｜塩…小さじ¼
　｜しょうが（すりおろす）…10g
薄力粉…大さじ2
パン粉（細かめ）…適量
揚げ油…適量

◎ピーナッツソース（作りやすい分量）
ピーナッツバター（加糖タイプ）…大さじ1
きび砂糖…大さじ½
米酢…大さじ½
塩…ひとつまみ
水…小さじ1

◎カレー塩（作りやすい分量）
カレー粉…大さじ1½
塩…大さじ1

作り方

1 バットに車麩を入れ、**A**を混ぜて塩を溶かしてから加え、30分ひたしてもどす（**a**）。途中で上下を返し、つけ汁をまんべんなくしみ込ませる。

2 汁気を軽く絞って3等分に切る。つけ汁から大さじ4を取り分け、薄力粉と混ぜてバッター液を作る。

3 車麩をバッター液にひたしてからパン粉をまぶす。
⇒スケッパーや大きなスプーンなどを使ってパン粉をまぶすと、片手は汚れずに作業がスムーズ

4 揚げ油（180度）で香ばしく色づくまで揚げ、網に上げて油をきる。
⇒揚げ油に落ちたパン粉はこまめにすくって取り出しておくこと。そのままにすると、焦げて揚げ上がりの衣や油も汚れてしまう

5 ピーナッツソースとカレー塩の材料をそれぞれ混ぜ、**4**に添える。
⇒ピーナッツソースで、ゆでたほうれんそうやさやいんげんをあえてもおいしい

車麩はもどすと約1.5倍の大きさにふくらみます。

LESSON. 7
シンプル洋風料理レッスン

見慣れた食材を、組み合わせや味つけに
よって新鮮な表情に仕立てるのが好きです。
自分のいつもの料理に飽きたときはぜひ、
そんな小さな冒険を。おいしいだけでなく
外食気分が味わえるし、味覚の広がりを感
じられるはず。

たっぷりのバターを塗ったパンに、ごく
薄切りのハムをのせてホースラディッ
シュを削りかけた、極上のハムトース
ト。小さく切っておもてなしに、1枚で
朝ごはんやおやつに。

みんな、ひと口食べて「おいしい！ でも
何が入っているの？」と不思議そうな
顔に。その正体はナンプラー。バター
と合わせるとコクと旨味が引き出され
て、無国籍な味わいになるんです。

ハムとホースラディッシュのトースト

材料（1枚分）
食パン（8枚切り）…1枚
バター（食塩不使用）…適量
薄切りハム…ひとつかみ
⇒シルクカットまたは切り落としがおすすめ
ホースラディッシュ（山わさび）…適量
⇒西洋わさび、レフォールともいう
塩…少々
EXV オリーブオイル…少々
黒胡椒（粒）…少々

作り方
1 食パンは好みの焼き加減にトーストし、バターをたっぷり塗る。
2 薄切りハムをのせ、ホースラディッシュを削りかける。塩を振って黒胡椒をひき、オリーブオイルをかける。
⇒バターのかわりにブッラータをのせてもおいしい

謎のマッシュポテト

材料（作りやすい分量）
じゃがいも…4個（正味約350g）
A │ 水…150mℓ
　　│ きび砂糖…大さじ1½
　　│ 赤唐辛子（種を除いてちぎる）…½本
B │ ナンプラー…大さじ1½
　　│ バター（食塩不使用）…25g
レモン汁…小さじ2
パクチー（葉を摘んでざく切り）…適量

作り方
1 じゃがいもはひと口大に切り、水にさらす。
2 鍋に **A** と水気をきったじゃがいもを入れ、蓋をして弱めの中火にかける。沸騰したら **B** を加えてアルミホイルなどで落とし蓋をし、弱火にして10〜15分煮る。
⇒レモングラス、こぶみかんの葉、パクチーの根などを一緒に煮ると、エスニック風味が強くなる
3 じゃがいもに竹串を刺してみて、すっと通るようになったら火を止める。マッシャーでつぶし、余分な水気がなくなるまで混ぜながら弱火にかける。レモン汁を加えて混ぜ、器に盛ってパクチーを添える。
⇒ココナッツミルクを少し加えてからマッシュしてもおいしい

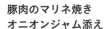

**豚肉のマリネ焼き
オニオンジャム添え**

豚肉をマリネして焼くというシンプル
な料理ですが、玉ねぎを煮詰めたオニ
オンジャムとの組み合わせが新鮮だと
生徒さんたちに大好評。鉄のフライ
パンで焼きますが、多めに作るときは、
まとめて220度のオーブンで8～10分
焼いてもOKです。豚肉はマリネした状
態でおいておけるので、遅く帰宅した
家族にも焼きたてを出せるのもいいと
ころ。オニオンジャムはスコーンに合
わせたり、ブルーチーズと合わせてク
ラッカーにのせたりしてもおいしいで
すよ。(作り方 p.86)

a バットに塩を振ってから肉をのせれば、その上から塩を振るだけで両面にまんべんなくまぶすことができる。

b マリネした状態で冷凍も可能。解凍してから同様に焼く。

c フライパンで焼き色をつけてから（鉄製だときれいな焼き色がつく）余熱で火を通すと、しっとりジューシーに焼き上がる。バターで焼いてもおいしい。

豚肉のマリネ焼き オニオンジャム添え

材料（1人分）
豚ロース肉（とんカツ用）…1枚

［マリネ液］豚肉1枚に対しての分量
塩…豚肉の重量の1%
レモン汁…小さじ½
EXVオリーブオイル…適量
ローズマリー（フレッシュ）…適量

黒胡椒（粒）…少々
オニオンジャム（Memo参照）…適量

作り方

1 豚肉は両面の脂身と赤身の境目の筋に包丁の刃先で切り込みを入れて筋切りをする。両面に塩をまぶしてなじませ（a）、レモン汁を振る。

2 ローズマリーは葉を摘み、1にオリーブオイル小さじ1とともにからめ、そのまま室温にもどす（b）。

3 フライパンにオリーブオイル少々を入れて強めの中火で熱し、豚肉を入れる（c）。香ばしく焼き、色が変わったら上下を返してさらに2〜3分焼く。火を止め、そのまま2〜3分おく。

4 器に盛って黒胡椒をひきオニオンジャムを添える。

 Memo オニオンジャム

赤玉ねぎ大1個は縦半分に切ってから横に2等分に切り、繊維に沿ってごく薄く切る。小鍋に入れ、グラニュー糖50g、塩小さじ½を加え、黒胡椒（粒）小さじ¼をひいて混ぜ、玉ねぎがしんなりするまで弱火で5分ほど加熱する。ワインビネガーとバルサミコ酢各大さじ1を加えて混ぜ、火を強めて照りが出るまで15分ほど煮る。

あえるだけと簡単なのに冷めてもおい
しいので、麺がのびると焦る心配もあ
りません。ナンプラーとディルの組み
合わせもクセになると評判の味つけで
す。しらす干しやイカ、青じそやバジル
で作ってもおいしい。パスタのゆで方は、
レッスンで必ずマスターしてもらうこと
のひとつ。「いつもの鍋に入れている水
を計量し、その0.7％の塩の量を計算
しておくと、目分量で手早くできるよう
になりますよ」とお伝えしています。

レモンとタコのパスタ

材料 (2人分)
スパゲッティーニ (1.6mm) … 180g
ゆでダコ … 100g
A｜ レモン汁 … 大さじ2
　｜ EXV オリーブオイル … 大さじ1½
　｜ ナンプラー … 小さじ2
塩 … 適量
ディルの葉 (ざく切り) … 適量
⇒仕上げ用に少し取り分けておく

レモンの皮 … 適量

作り方
1 タコは洗って水気を拭き、できるだけ薄く切る。
2 大きめのステンレスボウルに **A** を入れて混ぜる。
3 大きめの鍋にたっぷりの水と、水の0.7％の塩を
　　入れて火にかける。沸騰したらスパゲッティーニ
　　を加え、表示時間の30秒前にザルに上げる。
4 **2**に**1**と**3**、ディルの葉を加え、ほぼ水気がなく
　　なるまで勢いよくぐるぐるとよく混ぜる (**a**)。レ
　　モン汁とオリーブオイルが乳化してとろんとした
　　状態になるのが目安。器に盛り、ディルの葉とレ
　　モンの皮を散らす。
　　⇒〆にパスタを食べる場合は、
　　1人分は35 〜 40g と少なめでOK

a

成功の秘訣は、麺のゆで方と乳
化の仕方。麺のパッケージに書
いてある表示時間より30秒ほ
ど早く引き上げ、調味しながら
乳化させるのがコツ。

クスクスはゆでずに、チョリソーのだ
しが出た湯でもどすだけ。旨味を余す
ことなく吸わせ、野菜のいろいろな味
や食感が重なるのもおいしさのポイン
ト。ミニトマトとパプリカの色をそろえ
ると、かわいい見た目に。

野菜たっぷりのクスクスサラダ

材料（4人分）

クスクス…¼カップ

チョリソー（1cm 厚さに切る）…100g

きゅうり…1本
⇒両端を少し切り落とし、皮をむいて1cm 厚さに切る

パプリカ（小さめの乱切り）…½個

ミニトマト（半分に切る）…10個

EXV オリーブオイル…小さじ2

白ワイン…大さじ1

A ローリエ…1枚
　　レモンの皮…少々

B ホワイトバルサミコ酢…大さじ1
　　塩…小さじ¼

塩…適量

イタリアンパセリ…5本
⇒根元を切り落とし、ざく切りにする

作り方

1 小鍋にオリーブオイルを入れて火にかけ、チョリ
　ソーを入れて炒める。白ワインを加え、鍋底には
　りついた旨味を木べらでこそげる。

2 水50mℓ と **A** を加え、煮立ったらクスクスを加え
　てひと混ぜし、蓋をして6〜7分蒸らしてから混
　ぜる。

3 ボウルにきゅうりとパプリカ、**B** を入れて混ぜ、
　2を加えて混ぜる。

4 ミニトマトとイタリアンパセリを加えて混ぜ、塩
　で味を調える。

LESSON. 8
冬のおもてなしレッスン

和食というと地味なものと思われがちですが、フルーツを使ったり、かぶら蒸しのような本格的な料理を取り入れたりすることで、小料理屋みたいに華やかな雰囲気に。ふだんのおかずにもなりますが、お正月のようなハレの日の料理にもぴったりです。

[献立]
・柿とモッツァレラの白みそあえ　p.93
・鶏のから揚げ　p.93
・かぶら蒸し　p.95
・れんこんと大根の黒胡椒あえ　p.97
・ドライフルーツ入りのし鶏　p.97

食材の組み合わせが新鮮で、作るたび
に喜ばれると大好評のひと品。白みそ
ソースは、焼き野菜とあえたり、肉・
魚料理のソースにしたりと、さまざま
に応用できます。

冷めてもカリッとした衣の食感と、鶏
肉のジューシーさを追求しました。ぜ
ひ一度、だまされたと思ってレシピに
忠実に作ってみてください。好みでに
んにくのすりおろし少々を加えても。

柿とモッツァレラの白みそあえ

材料(2～3人分)
柿(皮とへた、種を除き、食べやすい厚さのくし形切り)
　…1個
モッツァレラ(ひと口大に切る)…1個(約100g)
⇒できれば水牛製を使って
EXVオリーブオイル…大さじ1
柑橘の皮(すりおろす)…適量
山椒(粉)…適量
[白みそソース]
白みそ…大さじ2
ヨーグルト(砂糖不使用)…大さじ2
柑橘の果汁…小さじ1
⇒かぼす、すだち、ゆず、レモンなど

作り方
1 ボウルに白みそソースの材料を入れ、柿とモッ
　ツァレラを加えてあえる。
2 器に盛ってオリーブオイルをかけ、柑橘の皮と山
　椒をたっぷり振る。
　⇒白みそソースは柿との組み合わせがベストだが、
　マスカットやいちじく、梨で代用してもおいしい

鶏のから揚げ

材料(作りやすい分量)
鶏もも肉…2枚(約550g)
A｜ 塩…ひとつまみ
　　砂糖…小さじ⅓
B｜ 酒…大さじ2
　　醤油…大さじ2
　　しょうが(すりおろす)…15g
　　ごま油…大さじ½
片栗粉…大さじ4
米粉…大さじ3～5
揚げ油…適量

作り方
1 鶏肉は余分な脂身を除き、1枚を6等分に切る。
　ボウルに入れ、Aを加えてもみ込み、さらにBを
　加え混ぜて30分おく。
2 片栗粉を加えてよく混ぜる(a)。米粉を入れたバッ
　トに広げ入れ、全体にまぶす。
　⇒汁気は捨てずに片栗粉に吸わせて。米粉は粒子が細かく、
　片栗粉がつかなかった部分にもつくうえ、
　油を吸いすぎないためカリッとした食感になる
3 揚げ油(170度)に重ならないように入れ、最初の
　1分は触らずに揚げる。色づき始めたら強火にし、
　ときどき上下を返して空気に触れさせながら3～
　5分揚げ(b)、網に上げて油をきる。
　⇒揚げ上がりの目安は、香ばしくなり、音が変わって
　鶏肉をつかんだ箸やトングから手にジジジという
　振動が伝わってくるまで

鍋に一気に入れることで揚げ油
の温度が下がり、低温から揚げ
ていくことでしっとりと仕上が
る。空気に触れさせながら上下
を返すとカラッと揚がる。レッ
スンでは揚げ上がりの振動をみ
んなに体感してもらう。

懐石料理などの和食屋さんでいただく
淡雪のような料理ですが、作ってみる
と意外と簡単。すりおろしたかぶに山
芋のすりおろしを加えることで、下準
備しておいてもだれて水気が出ること
がなく、ふわっとした食感になります。
鯛のほか、エビや鮭でもいいし、具を
入れなくてもおいしいですよ。大鉢で
蒸しておかずにするのはもちろん、〆
に出すなら炊きたてのごはんにのせる
と最高。おなかいっぱいでも、するす
ると入ってしまいます。

かぶら蒸し

材料 (4人分)

かぶ…4個 (正味約300g)

鯛の切り身…2切れ (約60g)

三つ葉 (葉と茎に切り分け、茎は細かく刻む)…適量

柚子の皮…適量

ホースラディッシュ (すりおろす)…適量

⇒わさびのすりおろしでもOK

A │ 卵白…1個分
  │ 塩…少々

大和芋 (すりおろす)…30g

塩…適量

酒…少々

[銀餡]

だし…400mℓ

⇒おいしい黄金比率は、水1ℓに対して
真昆布10gと血合いありの上質な削り節30g

薄口醤油…小さじ2

みりん…小さじ1

塩…小さじ⅓

水溶き片栗粉 (片栗粉、水各大さじ1)

⇒やや甘めが好みなら薄口醤油とみりんを各倍量にし、
塩を少し増やす

作り方

1 かぶはすりおろし、キッチンペーパーを敷いたザルに上げて、しばらくおく。
⇒決して絞らず、自然と水がしたたらなくなるまで。この状態で160〜180gになる

2 鯛は両面に塩を振って15分以上おく (**a**)。

3 鍋に湯を沸かし、酒を加えて火を止め、鯛を振り洗いして水気を拭く (**b**)。

4 ボウルに **A** を入れて泡立て器でツノが立つまで泡立て、大和芋を加えてよく混ぜる (**c**)。**1** と三つ葉の茎、**3** を加えて混ぜ、耐熱の器に入れる。

5 蒸気の上がったセイロに入れ、10分蒸す (**d**)。

6 水溶き片栗粉以外の銀餡の材料を鍋に入れて火にかけ、沸騰したら水溶き片栗粉を少しずつ加え、混ぜながらとろみをつける。

7 **5** に **6** をかけ、三つ葉の葉、ホースラディッシュ、柚子の皮を添える。

a 塩を振ったバットに鯛をのせ、上からさらに塩を振る。

b 酒少々を加えた湯に泳がせるようにして湯洗いすると、臭みが取れる。

c かぶのすりおろしのみだと、すぐに水気が出てだれてしまう。大和芋の粘りがつなぎとなり、失敗なく作れる。

d そばちょこなどで、めいめいに蒸す場合は鯛を上にのせると華やかだが、鉢で大きく蒸すときは混ぜ込むとよい。

真っ白なれんこんと大根を香味野菜と
あえた、清らかなサラダ。びっくりす
るほどたっぷりの黒胡椒が味の決め手
になっています。削り節の旨味とレモ
ン汁の酸味が隠し味。

焼きたてはふわふわ、翌日はしっとり
とした食感に。ワインにも合うし、お
弁当のおかずにもぴったりです。パウ
ンド型で焼いてミートローフ風にする
のもおすすめ。

れんこんと大根の黒胡椒あえ

材料（4人分）
れんこん（薄切り）…150g
大根（薄切り）…150g
⇒塩少々（分量外）を振って混ぜ、10分以上おいてザルに上げ、
水気をきる（ぎゅっと絞らない）
せり、クレソン…合わせて80g
⇒春菊、三つ葉などでもOK
太白ごま油…大さじ1½
A｜米酢…大さじ1½
　｜黒胡椒（粒・ミルでひく）…適量
B｜削り節（手でももみほぐして細かくする）…8g
　｜黒胡椒（粒・ミルでひく）…たっぷり
醤油…小さじ2
レモン汁…小さじ1

作り方
1 れんこんは酢水（水400mℓに酢小さじ1を加えて混ぜる）にひたしてからザルに上げ、5分ゆでる。ぬめりを流水で洗ってザルに上げ、水気を拭く。
2 せりとクレソンは根元を切り落とし、シャキッとするまで水につけ、食べやすい長さに手でちぎり、水気をしっかりきる。
3 ボウルに**1**と大根を入れ、太白ごま油の半量と**A**を加えて混ぜる。
4 別のボウルに**2**を入れ、残りの太白ごま油であえてから**B**と醤油を順に加えて混ぜる。
5 **3**に**4**とレモン汁を加え、全体をやさしく混ぜ合わせる。味をみて、塩ひとつまみを振り、黒胡椒少々をひいて調える。

ドライフルーツ入りのし鶏

材料（15cm角の流し缶または20×16cmのバット1台分）
A｜鶏ひき肉（もも）…400g
　｜長ねぎ（みじん切り）…1本（約80g）
　｜薄口醤油…小さじ2
　｜みりん…大さじ1½
　｜みそ…大さじ1
　｜酒…小さじ1
　｜卵…1個
　｜片栗粉…大さじ1
　｜しょうが（すりおろす）…20g
　｜太白ごま油…大さじ½
　｜アプリコット（粗く刻む）…6個（約50g）
ピスタチオ（みじん切り）…60g（正味40g）
⇒ミックスナッツでも可
いりごま（白）…大さじ1½
B｜醤油、みりん、バルサミコ酢…各大さじ1

作り方
1 小鍋に**B**を入れて火にかけ、半量になるくらいまで煮詰める。
2 ボウルに**A**を入れ、全体がなじんでボウルに肉がはりつくくらい粘り気が出るまで混ぜる。
　⇒しっかり肉だねを混ぜて調味料や卵の水分を吸わせることによって、旨味を閉じ込める
3 流し缶（バットの場合はオーブンペーパーを敷く）に**2**を入れ、空気を抜くようにスプーンの背を押しつけながら表面を平らにならし、角まできっちりと詰める。
4 流し缶を持ち上げ、トントンと2、3回落として底を軽く打ちつけ、空気を抜く。
5 190度に予熱したオーブンで、竹串を刺してみて出た肉汁が透明になるまで25〜30分焼く。
6 いったん取り出して表面に**1**を刷毛で塗り、ピスタチオといりごまを順に散らす（**a**）。オーブンに戻し入れ、さらに2〜3分焼く。
7 粗熱が取れたら型からはずして切り分ける。冷蔵室で3日保存可能。

a

ドライフルーツの甘ずっぱさがアクセント。煮詰めたバルサミコ酢を塗り、ごまやナッツをたっぷり散らして。

LESSON. 9
エキゾチックメニューレッスン

トルコやスペイン、ポルトガルといった地中海近くの国々をイメージした献立。旅に出たような気分になれる、異国情緒を感じる小皿料理を集めました。スパイスやハーブ、レモンの酸味、フルーツでメリハリをきかせています。お酒のおつまみとしても◎。

カリッと焼いたパンに夏野菜やフェタチーズを使ったギリシャ風サラダをのせて、ビネガーやオリーブオイルをたっぷりかけます。"しみしみ"になったパンがたまらないおいしさ！

コーングリッツの衣はカリッとした食感で、スナック感覚でつい手がのびてしまうおかず。天ぷらやフリットの小麦粉の衣とはひと味違う、コーングリッツならではの味と食感です。

ブルスケッタ グリークサラダ仕立て

材料（4人分）

A トマト…2個
　 きゅうり…1本
　 ⇒表面を塩でこすって洗い、縞目に皮をむく
　 赤パプリカ、黄パプリカ…各½個
　 ピーマン…1個
ブラックオリーブ…12個
赤ワインビネガー…適量
フェタチーズ…60g
EXVオリーブオイル…適量
塩…少々
黒胡椒（粒）…適量
オレガノ（ドライ）…適量
パン（バゲットやカンパーニュなど）…4枚

作り方

1　Aはそれぞれ食べやすい大きさに切る。
2　パンはカリッと香ばしく焼き、1とオリーブをのせ、塩、赤ワインビネガーを振る。食べやすく切ったフェタチーズをのせてオリーブオイルを回しかけ、オレガノを振って黒胡椒をひく。
　 ⇒パンは好みのものでOK。香ばしく焼き、
　 やや乾燥ぎみにすると野菜の水分がしみ込みやすい。
　 赤玉ねぎの薄切りを加えても美味

オクラのコーングリッツ焼き

材料（4人分）

オクラ…2袋（約20本）
⇒ガクのまわりをむき、表面を塩でこすってうぶ毛を取る
［衣］
コーングリッツ…大さじ6
強力粉…大さじ1½
冷水（または炭酸水）…150mℓ

油…適量
塩…適量

作り方

1　オクラは洗って水気をキッチンペーパーで拭き、縦半分に切る。
2　ボウルに衣の材料を入れて混ぜ、1を加えてよくからめておく（a）。
3　フライパンに多めの油を入れて強火で熱し、2を切り口を下にして並べ入れ、麦わら色になるまで焼く。上下を返し、全体がカリッとしたらザルに上げて塩をしっかりと振る。

オクラは縦半分に切ることでフライパンに接する面積が増え、よりカリッとした焼き上がりになる。油がなくなったら適量を加えて。

トルコのキョフテは、本来はラム肉や牛肉のたねを焼いた肉料理。中東や南アジアにも似た料理があります。こちらはフランスのお総菜の辛いソーセージをイメージして豚肉を使っているので、キョフテ風と呼んでいます。旨味と風味をプラスするために、きのこを加えました。カイエンペッパーがピリリとスパイシーで、p.105のパセリのクスクスと相性抜群！ 柑橘を搾りかけたり、にんにくやハーブ入りのヨーグルトをかけたりするのもおすすめです。

スパイシーキョフテ風

材料（12個分）

[肉だね]

豚ひき肉…300g
⇒水気はキッチンペーパーで拭く

玉ねぎ（みじん切り）…½個

きのこ（みじん切り）…合わせて50g
⇒しめじ、しいたけ、マッシュルーム、エリンギなど

赤ワイン…大さじ2

EXVオリーブオイル…大さじ1

レモン汁…大さじ1

塩…小さじ½強

粗びき黒胡椒…小さじ½強

オレガノ（ドライ）…大さじ½

パプリカパウダー…小さじ2

カイエンペッパー…小さじ½

クミン（粒）…小さじ½

シナモンパウダー…小さじ¼

パセリ（またはパクチー・みじん切り）…10g

にんにく（すりおろす）…½かけ

EXVオリーブオイル…適量

作り方

1 肉だねの材料をボウルに入れてしっかり混ぜ、冷蔵室で1時間〜ひと晩休ませる。

2 水気が出ていたらよく混ぜ、12等分して丸める。

3 フライパンにオリーブオイルを入れて強めの中火で熱し、**2**を並べ入れ、焼き色がついたら上下を返して火を弱める。触ってみて弾力が出るまで焼いて器に盛り、あればイタリアンパセリやライムを添える。
⇒表面のスパイスが焦げそうになったら、
フライパンの縁に立てかけて少し休ませながら焼く

材料さえそろえてしまえば、あとはすべてよく混ぜて休ませ、丸めて焼くだけと手軽。

「ズッキーニはきゅうりでもいいですか?」と聞かれるけれど、乱切りにした生のズッキーニの食感とメロンの組み合わせがおいしいのです。さわやかな、この季節だけのサラダです。

脇役になりがちなパセリを主役に驚くほどたっぷり使います。クミンの香りを移した熱々のオイルをジュッとかけると独特の臭みが気にならず、おいしい香りだけが引き立ちます。

メロンとズッキーニのハーブサラダ

材料（作りやすい分量）
メロン…½個（正味400g）
ズッキーニ…1本（約200g）
EXVオリーブオイル…大さじ2
A｜ディルの葉（みじん切り）…大さじ1
　｜ミントの葉…ひとつまみ
白胡椒（粒）…少々
塩…小さじ½

作り方
1 ズッキーニはピーラーで皮を縞目にむき、縦半分に切ってから乱切りにする。ボウルに入れ、オリーブオイル大さじ1を加えて混ぜる。
2 メロンは種をスプーンですくい、ザルに上げて**1**にのせ、汁をこす（**a**）。実は皮をむいてひと口大に切り、冷蔵室で冷やす。
3 食べる直前に**1**に**2**を加え、塩、オリーブオイル大さじ1、**A**も加えてあえる。味をみて塩で調え、器に盛って白胡椒をひく。

メロンの種のまわりの果汁も余さず使いたい。ズッキーニを入れたボウルにザルをのせ、はずした種を入れてスプーンで押すようにして果汁を搾る。

パセリのクスクス

材料（4〜5人分）
パセリ…1½袋分（約75g）
⇒葉は摘み、茎は**A**用に少し取りおく
クスクス…¾カップ（約120g）
赤玉ねぎ（みじん切り）…⅓個
A｜熱湯…150mℓ
　｜レモンの皮、パセリの茎…各少々
B｜レモン汁…大さじ3
　｜塩…小さじ⅓
　｜にんにく（すりおろす）…少々
C｜EXVオリーブオイル、クミンシード…各大さじ1

作り方
1 パセリは水にさらし、シャキッとしたらザルに上げ、キッチンペーパーで水気を拭き、フードプロセッサーか包丁でみじん切りにする。
2 ボウルにクスクスと**A**を入れ、蓋をして15分ほど蒸らす。
3 レモンの皮とパセリの茎を取り除き、赤玉ねぎと**1**、**B**を加えて混ぜる（**a**）。
4 小さめのフライパンに**C**を入れて火にかけ、香りが立って少し煙が上がるまで加熱する。香ばしく色づいてきたら**3**にかけ、よく混ぜる。

トルコで食べたたっぷりのパセリを思い出しながら作ったクスクス。p.103のスパイシーキョフテ風に合うように酸味をきかせて。

タコの旨味と赤ワインの風味を、じゃがいもに余すことなく吸わせます。炭酸水でタコをやわらかく仕上げ、オーブンでじっくり加熱して味を含ませるのが、おいしさの秘訣。

タコとじゃがいもの赤ワイン煮

材料(4人分)

ゆでダコ（足）…2本（約200g）

A ┌ 玉ねぎ（みじん切り）…⅓個（約70g）
　　│ にんにく（みじん切り）…1かけ
　　│ 赤唐辛子（種を除く）…1本
　　│ EXVオリーブオイル…大さじ3
　　└ 塩…ひとつまみ

イタリアンパセリ（ざく切り）…7本（約10g）

⇒仕上げ用に少し取りおく

トマト（細かく切る）…大1個（約200g）

じゃがいも（5〜6等分に切る）…2個（約300g）

⇒水にさらす

B ┌ 赤ワイン…75mℓ
　　│ オレンジ果汁（または100%ジュース）…大さじ3
　　└ 塩…小さじ⅓

EXVオリーブオイル、黒胡椒（粒）…各少々

炭酸水…約300mℓ（タコがひたひたにつかる程度）

作り方

1 タコは洗ってひと口大に切り、炭酸水に30分ほどつける（**a**）。

2 オーブン対応の鍋（直径18〜20cm）に**A**を入れて火にかけ、にんにくの香りが立ち、玉ねぎが透き通るまで炒める。イタリアンパセリを加えて香りが立ったらトマトを加え、ぐずっと煮くずれるまで炒める。火を止め、水気をきった**1**とじゃがいも、**B**を加えて底から大きく混ぜる。

3 蓋をして200度に予熱したオーブンに入れ、汁気がほぼなくなるまで50分加熱する。

⇒オーブン対応の鍋がないときは耐熱皿に入れ、アルミホイルでぴったりと覆う

4 味をみて塩で調える。器に盛り、オリーブオイルをかけて黒胡椒をひき、取りおいたイタリアンパセリを散らす。

a

タコは炭酸水につけてから調理することで、やわらかくなる。

Maistajaisia (ilmaisia
Kahvi- ja leivonnais

LESSON. 10
インド風スパイスレッスン

「いろいろな種類をそろえるのが大変そう」
「なんだか味が決まらない」という声も多
く、敬遠しがちなスパイス料理。レシピど
おりに作ってみると意外と簡単で、そのお
いしさにびっくりするはず。料理の楽しみ
が広がりますよ。

スパイスとレモンで野菜をあえるカチュンバルというインドの料理をイメージしたサラダ。油を使わないさっぱりとした味わいで、プラムの酸味が絶妙。ブルーベリーやキウイでもOK。

paa pääsy

Tervetuloa!

schmandt

ポリヤルは、野菜とココナッツを炒め煮にした南インドのおかず。余りがちなにんじんが、ほんのり甘くてあとを引くおいしさの副菜になりますよ。

フルーツ入りスパイシーサラダ

材料（作りやすい分量）
赤玉ねぎ（1cm角に切る）… ½個
きゅうり… 2本
⇒ピーラーでところどころ皮をむいて縦半分に切り、
スプーンで種を除いて1cm角に切る
塩… 小さじ¼
A │ ミニトマト（横半分に切る）… 10個
　　　プラム（ひと口大に切る）… 2個
　　　パクチー（葉を摘み、茎はみじん切り）… 1束
　　　レモン汁… 大さじ2
　　　クミンパウダー … 小さじ1
　　　チリパウダー … 小さじ1
　　　塩 … 小さじ¼
　　　黒胡椒（粒・ミルでひく）… 少々

作り方
1 ボウルに赤玉ねぎときゅうりを入れ、塩を振って手でもみ込み（**a**）、5分以上おいて水気をきる。
2 **A**を加えてさっくり混ぜ、味をみて塩で調える。

a

にんじんのココナッツ炒め ～ポリヤル～

材料（4人分）
にんじん（せん切り）… 2本
⇒あればしりしり器を使うと味がからみやすくなる
玉ねぎ（みじん切り）… 大さじ2
にんにく（みじん切り）… ½かけ
A │ EXV オリーブオイル… 大さじ1
　　　マスタードシード… 小さじ⅔
ココナッツ（ファインまたはロング）… 15g
ターメリック… 小さじ⅓
塩… 小さじ½

作り方
1 フライパンに**A**を入れて弱火にかけ、マスタードシードがはね始めたら蓋をして火を止める。
2 パチパチはねる音が静かになったら、玉ねぎとにんにくを加えて再び火にかけ、香りが立つまで炒める。ココナッツとターメリックを加え、香りが立つまでさらに炒める。
3 にんじんと塩を加えて全体がなじむまで炒め、味をみて塩で調える。

ホールスパイスを冷たい油に入れて熱することで、香りのついたスターターオイルができます。パウダースパイスは香りがとばないよう、調理の途中で加えます。レンズ豆のゆで汁もよいだしとなるので、鍋に材料を順に加えていくだけ。できればほうれんそうとチキンのカレー(p.115)も作って2種盛りにし、ライタやサラダ、ポリヤル(p.111)も添えるのがおすすめ。旅先で食べているような気分になれて、少しずつ混ざり合った部分もおいしいのです。

野菜とレンズ豆のカレー

材料（4〜5人分）

皮なしレンズ豆（乾燥）…200g
⇒水で洗ってザルに上げる

パクチー（葉を摘み、根と茎はみじん切り）…2束

A EXVオリーブオイル…大さじ1
クミンシード…小さじ½
マスタードシード…小さじ1
赤唐辛子（種を除く）…2本

B 玉ねぎ（みじん切り）…1個
にんにく（みじん切り）…1かけ

C にんじん（すりおろす）…½本（約100g）
トマト（湯むきしてざく切り）…1個
塩…小さじ1⅔

D クミンパウダー…小さじ1
ターメリックパウダー…小さじ1
コリアンダーパウダー…小さじ2
カルダモンパウダー…小さじ½

ローリエ…1枚

E しょうが（すりおろす）…30g
なす（1cm角に切る）…2個
⇒塩ふたつまみを加えてもみ
10分おいてからさっと洗い、水気を拭く
ズッキーニ（1cm角に切る）…1本
黄パプリカ（1cm角に切る）…1個

塩…適量
スパイシーライタ（**Memo**参照）…適量

作り方

1 鍋に **A** を入れて火にかけ（**a**）、クミンシードから泡が出て香りが立ち、マスタードシードがパチパチとはねたら蓋をして火を止める。音が落ち着いたらパクチーの根と茎、**B** を加えて塩ひとつまみを振り、再び火にかけて玉ねぎがしんなりするまで炒める。

2 強めの中火にして **C** を加え、トマトが煮くずれるまで炒める。**D** を加えてさっと炒める。

3 レンズ豆、水800mℓ、ローリエを加え、煮立ったら弱火にする。アクを取りながら、レンズ豆がやわらかくなるまで10分ほど煮る。

4 **E** を加えて弱火にし、アクを取りながら15〜20分煮る。味をみて塩で調える。バスマティライス（p.115）とともに器に盛り、スパイシーライタとパクチーの葉を添える。

ホールスパイスの香りが移ったスターターオイルによって料理全体に香りをまとわせることができる。よって、深みのある味わいに。

Memo スパイシーライタ

カレーに添え、混ぜながら食べるとおいしさが倍増。フライパンにオリーブオイル小さじ2とクミンシード小さじ½を入れて火にかけ、香りが立ったらカイエンペッパー少々を加えて混ぜる。火から下ろし、熱々のままプレーンヨーグルト（砂糖不使用）200mℓに加え、塩小さじ¼を加えてよく混ぜる。

骨つきの鶏肉から出るだしと、ホロホロはずれるくらいやわらかくなった鶏肉、ほうれんそうの甘味、スパイスの香りが一体になった、奥行きのある味わい。仕上げに加えるバターでコクをプラスします。カレーに添えるなら、ぜひバスマティライスを。湯取り法といって、スパイスを入れた熱湯でゆでるように炊き、ターメリックで黄色く着色。本格的な見た目に気分が上がります。

ほうれんそうとチキンのカレー

材料（5〜6人分）

骨つき鶏もも肉（ぶつ切り）…1kg
⇒表面の水気を拭く

ほうれんそう…2束（約400g）

玉ねぎ（繊維に沿って薄切り）…大1個

A｜にんにく（みじん切り）…1かけ
　｜しょうが（みじん切り）…20g
　｜EXVオリーブオイル…大さじ1
　｜クミン（粒）…小さじ1½
　｜赤唐辛子（種を除く）…2本

B｜ターメリックパウダー…小さじ½
　｜カイエンペッパー…小さじ¼

C｜トマトピュレ…50mℓ
　｜水…500mℓ
　｜ローリエ…2枚
　｜シナモンスティック…1本

塩…適量

黒胡椒（粒）…適量

EXVオリーブオイル…大さじ1

バター…10g

ガラムマサラ…小さじ½

バスマティライス（**Memo**参照）…適量

作り方

1 直径22cmの鍋にオリーブオイルを入れて火にかけ、鶏肉を入れて強火にし、皮目と骨のまわりが色づくまで焼いていったん取り出す。残った油をキッチンペーパーで拭く。

2 続けて**A**を入れて弱火にかけ、香りが立ったら玉ねぎを加え、塩ひとつまみを振ってさっと炒め、火を止める。そのまま少し蒸らし、鍋底にはりついた部分をこそげる。再び火にかけ、玉ねぎがきつね色になるまで炒める。
⇒鍋底にはりついた部分が旨味になる

3 **1**の鶏肉を戻し入れ、塩小さじ1¼を振って黒胡椒をひき、**B**を加えて鶏肉にからめながらさっと炒める。**C**を加えて強火にし、沸騰したらアクを取る。蓋をずらしてのせて火を弱め、鶏肉がやわらかくなるまで1時間ほど煮込む。ときどき様子を見て、常に鶏肉がつかっているように水を加え、アクを取る。
⇒鶏肉は骨がすっとはずれるくらいまで煮込む

4 ほうれんそうは根元を切り落としてから熱湯でさっとゆで、冷水にとってアクを抜き、ザルに上げて水気をきる。ざく切りにし、フードプロセッサーで攪拌する。

5 **3**に**4**とバター、塩小さじ½、ガラムマサラを加え（**a**）、均一になるように混ぜる。2〜3分煮て、味をみて塩で調える。鶏肉の骨は取り除く。器に盛り、バスマティライスとあればレモンを添える。

Memo バスマティライス

鍋は大きめ（直径20cm）を使うとよい。5〜6人分なら2カップのバスマティライスを流水でさっとすすぐ。鍋にたっぷりの湯を沸かしてバスマティライスを入れ、ローリエ1枚、カルダモン（粒）3粒、ターメリックパウダー小さじ¼、塩ひとつまみを加えて強火にかける。沸騰したら弱火にして蓋をし、8分ゆでる。ザルに上げて水気をきってから鍋に戻し、蓋をして5分ほど蒸らす。

ほうれんそうのペーストを加えて煮込む。

QUICK DESSERT
クイックデザート

楽しかった食事の締めくくりに、あるとう
れしいのがデザート。だからレッスンごと
に、おまけのデザートレシピをお伝えして
います。みんなで試食をするときに簡単に
作り方を説明するだけですが、すごく喜ん
でもらえるのがうれしくて。ここでは、お
なかがいっぱいでも食べられるような、小
さなスイーツをご紹介。冷やして固めるだ
けの手軽なものばかりです。

白ワインとシナモンの風味をきかせた、大人っぽい味わいのいちごゼリー。混ぜるだけでできる、なめらかなヨーグルトクリームを添えて。ヨーグルトクリームは、フレッシュフルーツや焼き菓子にも合う万能クリーム。

いちごのゼリーとヨーグルトクリーム

材料（作りやすい分量）
いちご…1パック（約300g）
⇒飾り用に少し取り分けておく

A 砂糖…80g
　　レモン汁…大さじ½

B 白ワイン…大さじ2
　　水…200mℓ
　　シナモンスティック（半分に折る）…1本

粉ゼラチン…10g
⇒水大さじ4に振り入れてふやかす

◎ヨーグルトクリーム（作りやすい分量）
ヨーグルト（砂糖不使用）…400g
⇒コーヒードリッパーにペーパーフィルターをセットし、ヨーグルトを入れて2時間以上おき、水きりする

生クリーム…50mℓ
砂糖…30g

作り方

1 いちごは大きければ半分に切り、鍋に入れてフォークで軽くつぶし、**A**をからめる。

2 **B**を加えて火にかけ、沸騰したらアクを取って火から下ろす。5分ほどおいて粗熱がとれたら、ゼラチンを加え混ぜて溶かす。鍋底を冷水に当てて冷まし、シナモンを取り出し、容器に入れて冷蔵室で冷やし固める。

3 ヨーグルトクリームを作る。ヨーグルトに生クリームと砂糖を加え、なめらかになるまで混ぜる。
⇒冷蔵室で3日ほど保存可能

4 器に**2**をスプーンですくって盛り、**3**を添えていちごを飾る。

さっぱりとした甘さなので、好みの甘さになるよう甘酒と豆乳の比率を調整して。マンゴーソースなしで食べるなら、甘酒を豆乳の倍量くらい入れてもOK。フレッシュフルーツを添えたり、細かく切ったパイナップルを混ぜて凍らせたりしてもおいしいですよ。

甘酒と豆乳のグラニテ
マンゴーソースがけ

材料(作りやすい分量)
甘酒…300g
豆乳(無調整)…200ml

◎マンゴーソース(作りやすい分量)
冷凍マンゴー…300g
グラニュー糖…大さじ2
水…100ml
レモン汁…少々

作り方

1 甘酒と豆乳を混ぜて容器に入れ、冷凍室で冷やし固める。

2 鍋にマンゴーソースの材料を入れて火にかけ、ときどき鍋底から大きく混ぜ、アクを取りながらマンゴーがやわらかくなるまで加熱する。マンゴーをつぶし、水分がとんでとろみが出るまで15分ほど煮る。

3 器に1をスプーンやフォークでかき出して盛り、2をかける。

コーヒーシロップではなく、甘ずっぱいプラムのシロップにひたしたフィンガービスケットとマスカルポーネクリームを重ねたデザート。シロップにひたしたビスケットに好みのフルーツを添えるだけでも美味。

プラムのティラミス風

材料（作りやすい分量）

A ┃ プラム（くし形に切る）…3個
┃ グラニュー糖…50g
┃ レモン汁…大さじ3
フィンガービスケット…10本
B ┃ 卵黄…2個分
┃ グラニュー糖…20g
C ┃ マスカルポーネ…150g
┃ 生クリーム…100mℓ

作り方

1 Aは混ぜ合わせて20分おく。ザルに上げ、シロップとプラムに分け、プラムは冷蔵室で冷やす。
⇒あればタイムを一緒にマリネすると風味がよい

2 フィンガービスケットをシロップに両面ひたしてからバットの底に敷き詰め、残りのシロップをかける。

3 小さめ（直径16cmほど）のボウルにBを入れて泡立て器で白っぽくなるまで混ぜ、Cを順に加えてもったりするまで混ぜる。

4 2に3をのせ、表面をならして冷蔵室で3時間以上冷やす。スプーンですくって器に盛り、プラムを添える。あればピスタチオの粗いみじん切りを散らす。

さっぱりとした味わいでありながら、食感は濃厚でクリーミーなフローズンヨーグルト。油脂分の多い食材を使っているので、途中で混ぜなくてもほどよい食感に仕上がります。ピーナッツバターが無塩の場合は、塩ひとつまみを加えても。

ピーナッツバター風味の
フローズンヨーグルト

材料(作りやすい分量)

A | コンデンスミルク…120g
　　 | ピーナッツバター(加糖・粒入り)…80g
B | 生クリーム…100g
　　 | ヨーグルト(砂糖不使用)…200g

作り方

1　ボウルに **A** を入れて均一になるまで泡立て器で混ぜ、**B** を加えてなめらかになるまで混ぜる。

2　容器に入れ、冷凍室で半日以上冷やし固める。食べる数分前に室温に出し、スプーンなどですくって器に盛る。

アイスクリームよりさっぱりしているけれど、シャーベットよりはコクのある味。コンデンスミルクやはちみつなど砂糖以外で甘さをつけているので、口溶けのよい仕上がりに。キウイのイエローグリーンが見た目にもさわやかです。

キウイのフローズンヨーグルト

材料（作りやすい分量）
キウイ（6等分に切る）…3個
ヨーグルト（砂糖不使用）…200g
生クリーム…100g
コンデンスミルク…80g
はちみつ…40g

作り方

1 すべての材料をフードプロセッサーに入れて攪拌し、容器に入れて冷凍室で半日以上冷やし固める。
⇒フードプロセッサーが小さい場合は、
キウイと生クリームを攪拌してからボウルに入れ、
残りの材料を加えて混ぜる

2 スプーンなどで削って器に盛る。

和食のデザートとして人気の水羊羹。
日本茶の香りとドライフルーツの甘味
は意外に合うと大好評。さっぱりとし
た口当たりで、男性にも人気がありま
す。ほうじ茶＆こしあん、煎茶＆白あ
んの組み合わせがおすすめです。

ドライフルーツ入りほうじ茶水羊羹

材料（作りやすい分量）
ほうじ茶（または煎茶）の茶葉…15g
粉寒天…3g
A ┃ こしあん（または白あん）…250g
　┃ グラニュー糖…30g
　┃ 塩…ひとつまみ
ドライフルーツ（いちじくやあんずなど・細切り）
　…3個

作り方

1　ほうじ茶はポリ袋に入れてもみほぐしてから
　　ボウルに入れ、熱湯300mℓを注いで蓋をする。5
　　分以上蒸らしてからザルでこし、お玉などで茶葉
　　をぎゅっと押す。
　　⇒煎茶を使う場合、茶葉はもまずに
　　そのまま80度の熱湯を注ぐ

2　鍋に水150mℓと粉寒天を入れて混ぜ、火にかけ
　　る。沸騰したら弱火にし、混ぜながら2分煮立てる。

3　1とAを加えてなめらかになるまで混ぜながら沸
　　騰させ、火を止めて混ぜながら粗熱をとる。流し
　　缶に入れてドライフルーツを散らし、冷蔵室で冷
　　やし固める。

試食したら欲しくなる、おいしい調味料

レッスンでは、「おいしい」「使い続けられる価格」「すぐに買える」という条件を満たした
お気に入りを紹介しています。料理のランクをぐっと上げてくれるので、ぜひお試しを。

EXV オリーブオイル

「ちょっといいものを1つだけ買うなら、右のフラントイアの EXV オリーブオイルをすすめています。フルーティな中にピリッと青い味があるバランスのよい風味で、サラダにも肉・魚料理にもオールマイティに使えます。左のプラネタは、香りがより強くて華やかなフルーティさがあります」

バルサミコ酢

「バルサミコ酢というと熟成した濃いものと思われがちですが、さらっとしたもののほうが使いやすい。私はアルチェネロを愛用しています。たっぷり使うわけじゃないから小さな瓶で十分。バルサミコ酢は煮詰めたり、肉や煮込みに加えたり。自然な甘味が感じられるホワイトバルサミコ酢はサラダなどに」

ごま油

「なじみのある味を求めるときは、右の九鬼のもの。オールマイティに使いやすい。中央の玉締は焙煎が浅いからごま本来のやさしい風味があり、主張しすぎず品がよいので和食にも合います。左の岩井はさらっとしていて、油というよりごまのソースのような印象。香りがすばらしく、よく仕上げに加えます」

ワインビネガー

「左のペルシュロンは風味がよく、まろやか。ドレッシングなどに酸味をきりっときかせたいときに愛用しています。右のアルドイノは取り寄せてでも使いたいくらい好き。熟成した香りと深みのある味わいで、仕上げに直接かけるときにおすすめです。白ワインビネガーはほとんど使いません」

富士酢

「通常の5倍もの米を使って作られたアルコール無添加の米酢。酸度は低めですがきりっとした味わいで、旨味が強く、濃厚な味わい。芳醇な香りの余韻が長く続くので、料理がお酢のふくよかな香りをまとっている印象になります。ただすっぱいだけでなく、お酢の風味が料理を引き立ててくれます」

辛口コチュジャン

「もち米麹と唐辛子の粉などで作られた韓国みそのような調味料。辛味だけでなく、甘味や旨味があるのが特徴ですが、いろいろな店で取り扱いのあるユウキの製品は、辛口と書いていないものだとけっこう甘いので、こちらを使っています。そのほかのメーカーのものは、だいたい辛いものが多いはず」

醤油

「醤油は左の丸中醤油、薄口醤油はミツ
ル醤油を愛用しています。丸中醤油は
コクがあり、濃厚で深みのある味わい
なので、使うと料理の味も決まりやす
い。塩気が先に立つものが多い薄口醤
油は、熟成したもろみを搾って火入れ
しただけのこちらを。旨味とキレがあ
り、すっきりとした味わいです」

みりん

「岐阜の蔵元、白扇酒造の福来純本みり
んは、国産のもち米、米麹、米焼酎の3
つの原料のみを使い、伝統的な手法で
仕込んでから3年ほど熟成したもの。
化学調味料や食品添加物は不使用。こ
はく色が美しく、旨味たっぷりのみりん
です。すっきりとした甘さで、そのま
ま飲めてしまうくらいおいしい」

ナンプラー

「タイの魚醤、ナンプラーはいろいろな
メーカーのものを使ってみましたが、
ほかの調味料と合わせて使うことが多
いからか、それほど味の差を感じませ
んでした。だから買いやすさを優先し
て選べばよいと思っています。ベトナ
ムのニョクマムなど違う魚醤で代用し
てもOK」

胡椒

「黒胡椒は粒のものをミルでひきながら
使っています。オールマイティに使え
るのは右のヴォークスのもの。ぴりっ
とした香りがきいています。マリチャの
ティムールはレモングラスのような香
りがする、まるで山椒のようなネパー
ルの胡椒。アジアンやエスニックっぽ
い料理のときに使っています」

天然塩

「粒子が細かくてさらさらしているもの
が使いやすく、モティアを愛用してい
ます。和洋中のジャンルを問わず、ど
んな料理にも使いやすい味。ミネラル
分が多いので、素材と合わせたり水に
溶かしたりしたときにまろやかな味に
なるんです。取り扱い店が多く、リー
ズナブルなのもうれしいところ」

粉山椒

「やまつ辻田の石臼挽き朝倉粉山椒は、
知人から切手を貼って送られてきたの
が最初の出会い。開けてみたら鮮やか
な緑色で、驚くほどフレッシュな香り
に、とりこになりました。常に冷凍保
存しています。レッスンで使うと、そ
の香りにみんなびっくりして、百貨店
に買いに走る人がたくさんいます（笑）」

料理上手になれる気がする、ヘビロテ調理道具

生徒さんたちから「レッスンのときに見て、買いました！」とよく言われる調理道具をご紹介します。
使ってみたら、「作業がスムーズになった」「味が決まるようになった」という声も多数。

セイロ

「セイロはかさ張るからか、意外とみんな持っていないんですよね。でも開けたときの臨場感や盛り上がりを体験すると、欲しいと思うみたい。手に取りやすい場所に定位置を決めると、気軽に使いこなせるようになるはず。一般的には27cmが使いやすいと思います。p.65の焼売も一度に蒸せるし、魚などを蒸すときもお皿ごと入ります」

鋳物の鍋

「煮込みに便利な厚手の鋳物鍋は、好きな色やデザインのメーカーで選べばOK。焦げにくいし、蓋が重いので密閉率が高く、野菜がもっている水分を引き出したりもしてくれる。20cm前後が使いやすいけれど、炒める作業があるときは22cmくらいの大きめがおすすめです。炒め具合を見たいときは、内側が白いものを」

キッチンスケール

「0.0g単位まで細かく、最大3kgまで量れるキッチンスケール。gでもmℓでも量れるのが便利です。2カップというレシピを見て、きっちり400mℓを準備できる人って実はほとんどいないんです。レシピの再現性を上げるためには、スケールで量るほうが正確。ステンレスの部分をはずして水洗いできるのもいいところ」

フードプロセッサー

「p.47のビスケットのような粉物のお菓子を作るときや、スパイスナッツ、いり米、パセリのみじん切りに使っています。ハンディブレンダーでもいいけれど、とにかく電動で攪拌できる道具をひとつ持っていると、作業がぐんとラクになります。家庭なら、小さめのもので十分。私はクイジナートのほか、バーミックスも使っています」

サラダスピナー

「これだけは絶対持っていてほしい道具です。サラダの味がぼんやりしてしまうという人はおそらく水きり不足が原因なので、これがあれば解決。私が使っているオクソーのものは、片手でノブを押すとかごが回転して水きりする仕組み。蓋をフラットにできるので、水きりした野菜を入れたまま冷蔵室にしまえるのもうれしい」

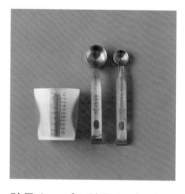

計量カップと計量スプーン

「シリコン製の計量カップは、大さじとmℓの目盛りが細かくついていて、合わせ調味料を作るときに注ぎ足していけて便利。持つと注ぎ口ができ、レンジ使用も可能。貝印の軽量スプーンは、底が平らなので置いて量れるのが利点。内側にメモリがついていて、大さじ2/3もきっちり量れます。特に液体が量りやすく、小さじ1/8まであるのもいい」

グレーター

「右のマイクロプレインのゼスターグ
レーターは、ハードチーズやホースラ
ディッシュ、柑橘の皮、からすみなど、
たいていのものをおろすことができる
スグレモノ。4面のチーズグレーター
は、にんじんしりしりのように野菜をお
ろすのによく使います。安定感がある
ので、バットの上に置いて削ると作業
がラクです」

トング

「実は私、お箸使いが得意じゃないので、
調理中に食材をつかむときは常にトン
グを使っています。みんな意外と持っ
ていないみたいですが、揚げ物のとき
にも、お肉を焼くときにも、滑りやすい
パスタにも、しっかりとつかめて使い
勝手がすごくいいのです。昔ながらの
ステンレス製が価格も手ごろで洗いや
すく、おすすめです」

木製ハンドジューサー

「置いて固定するタイプの搾り器が多い
かもしれませんが、これは軽い木製の
ハンディタイプ。半分に切ったレモン
にぐりぐりとねじ込んで使いますが、レ
モンを持っているほうの手の力もかか
るので、無駄なく搾りきることができる
んです。私は果汁だけでなく、皮の内
側の果肉もこそげ取って使っています。
そうすると味が決まりやすいのです」

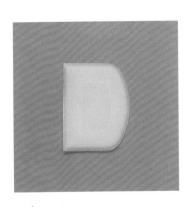

スケッパー

「ボウルやバットの中で粉を混ぜたり、
生地を切り分けたりする際に使うスケッ
パー。柔軟性のあるシリコン製や
プラスチック製なら、ボウルの側面に
沿わせてこそぐのにも使えます。また、
パン粉をまぶしたり、みじん切りにし
た野菜をまないたの上ですくったりす
るときにも重宝。一般的な幅12〜
13cmのものが使いやすいはず」

ステンレスの流し缶

「卵豆腐を蒸したり、p.123の水羊羹を
冷やし固めるとき以外にも汎用的に使
えます。オーブンにも入れられるうえ、
二重構造で中底を取りはずすことがで
きるので、オーブンシートなしでも中
身が取り出しやすく、焼き菓子やp.97
ののし鶏にも15cm角を使っています。
バットでも代用できますが、きりっとし
たエッジが出るのは流し缶ならでは」

へらやスプーン

「左は無印良品の小さなゴムべら。瓶の
中や計量スプーンの中をきれいにすく
い取るのに便利なサイズで、p.65の焼
売の成形にも利用しています。中央は
私がデザインした木べら。鍋の隅に沿
う絶妙なカーブがポイントです。右は
金工作家、中村友美さん作の大きなス
プーン。素材をあえるときや、取り分
けサーバーとして愛用しています」

小堀 紀代美 Kiyomi Kobori

料理家。料理教室「LIKE LIKE KITCHEN」主宰。実家は栃木の洋菓子店で、小さいころから料理好きの食いしん坊。各国の料理を食べ歩き、そこで出会った味からオリジナルレシピを作り始める。2010年にカフェ「LIKE LIKE KITCHEN」を開き、食通たちの間で評判を呼ぶ。そこに通う常連客の「料理の作り方を教えてほしい」という声から生まれたのが料理教室「LIKE LIKE KITCHEN」。抜群のセンスに加えてとことん試作をくり返して完成するレシピは、本当においしく作れると話題に。雑誌、書籍、テレビでも活躍中。著書に『予約のとれない料理教室 ライクライクキッチン「おいしい!」の作り方』（主婦の友社）、『フルーツのサラダ＆スイーツ』（NHK出版）ほか多数。夫と愛犬サンデーの、2人と1匹で暮らす。Instagram @likelikekitchen

＊料理教室の開催については
インスタグラムでの告知をご確認ください。

ライクライクキッチンの
旅する味
予約のとれない料理教室 レッスンノート

2021年11月30日　第1刷発行

著　者　小堀紀代美
発行者　平野健一
発行所　株式会社主婦の友社
　　　　〒141-0021
　　　　東京都品川区上大崎3-1-1　目黒セントラルスクエア
　　　　電話：03-5280-7537（編集）　03-5280-7551（販売）
印刷所　大日本印刷株式会社
© Kiyomi Kobori 2021　Printed in Japan
ISBN978-4-07-448261-0
Ⓡ〈日本複製権センター委託出版物〉

・本書の内容に関するお問い合わせ、また、印刷・製本など製造上の不良がございましたら、主婦の友社（電話03-5280-7537）にご連絡ください。
・主婦の友社が発行する書籍・ムックのご注文は、お近くの書店か主婦の友社コールセンター（電話0120-916-892）まで。
＊お問い合わせ受付時間　月〜金（祝日を除く）9:30〜17:30
主婦の友社ホームページ　https://shufunotomo.co.jp/

Staff

撮影　長嶺輝明
　　　小堀紀代美（p.2 〜 3）
デザイン　福間優子
スタイリング　城 素穂
調理アシスタント　夏目陽子、藤原由紀、高田智子
構成・取材・文　藤井志織
編集担当　澤藤さやか（主婦の友社）